김춘수—샤갈의 마을에 내리는 눈

The Snow Falling on Chagall's Village
Selected Poems by Kim Ch'un-Su
Translated by Kim Jong-Gil

East Asia Program
Cornell University
Ithaca, New York 14853

도서출판 답게

한국문학영역총서

The Snow Falling on Chagall's Village
Translated by Kim Jong-Gil

이 책은 영역판인 Cornell East Asia Series No. 93을, 도서출판 답게와 Cornell University East Asia Program 과의 공동출판 형식으로 나온 것임을 밝힌다.

This bilingual edition is a joint publication of DapGae Publishing Company and the Cornell University East Asia Program. English-only edition published 1998 (ISBN 1-885445-93-8 pb, ISBN 1-885445-53-9 hc) as No. 93 in the Cornell East Asia Series (ISSN 1050-2955), Cornell University East Asia Program, 140 Uris Hall, Ithaca, NY 14853-7601. Tel 607-255-6222/Fax 607-255-1388.

Original Poems © Kim Ch'un-Su
Revised Translation © 2000 Kim Jong-Gil

Published by DapGae Books
201 Won Bld
829-22 Bangbae 4-dong, Socho-ku, Seoul 137-834, Korea
Tel/(02)537-0464, 596-0464, 532-4867, 591-8267 Fax/594-0464

Cornell East Asia Program
Cornell University
Ithaca, New York 14853

Printed and bound in the Republic of Korea
No. 93, Cornell East Asia Series ISSN 1050-2955
Cornell East Asia Program ISBN 1-885445-47-4

DapGae
English Translations
of Korea Literature Series
Editor : Kim Young-Moo

머리말

　내가 이 책에 넣으려고 골라 번역한 작품들은 김춘수의 전시작품 중에서도 가장 훌륭하면서도 전달가능한 것들이다. 그것들은 독자가 그의 시의 전개를 추적할 수 있도록 연대순으로 배열되어 있다. 짧은 서문을 책 머리에 붙였다.
　원문과 시 양자에 다 최대한 충실을 기한다는 나의 종래의 번역방침은 여기서도 실행하였다. 이 방침의 일부로서 나는 역시의 행수를 원시와 같게 하였다. 이 책을 준비하고 출판하는 데 있어 나는 여러 사람들에게 여러 모로 신세를 졌다. 그 중에서도 서울의 서강대학교 영문과 교수인 떼제의 앤토니 수사의 귀중한 평언과 권고에 대해서는 특별한 사의를 표해야 한다.
　끝으로 이 까다로운 일을 가능케 한 지원금에 대해 한국문화예술진흥원에게 깊은 사의를 표하지 않을 수 없다.

서울에서
1996년 10월

Preface

The poems I have chosen and translated for this volume are ones I think the best and most communicable in the entire poetic corpus of Kim Ch'un-Su. They are arranged in chronological order so that the reader can trace the development of his poetry. I have provided a brief introduction at the beginning of the volume.

I have practiced my usual tralslation policy of attempting maximum fidelity to both the text and the poetry. As part of this policy, I have kept the same number of lines as in the original. In preparing and publishing this volume, I am indebted to many people in different ways. My particular thanks are due to Brother Anthony of Taizé, Professor of English at Sogang University in Seoul, for his invaluable comments and suggestions.

Finally I must express my deep gratitude to the Korean Culture and Arts Foundation for the grant which made this delicate work possible.

Seoul
October, 1996

서론

"나는 그림은 잘 못 그리지만 보는 것은 좋아한다"고 김춘수는 글에서 쓴 적이 있다. 이 말은 그의 시의 기본적인 성질을 암시하는 것으로 그의 작품들은 정말 흔히 그림처럼 보인다. 그가 말로써 그리는 것은 대체로 간결하게 단순화되고 고도로 굴절되어 있다. 그는 샤갈, 미로 및 고야와 같은 몇사람의 서양 화가들을 언급했거나 그들에 관한 시를 썼다. 그는 또한 뽈 쎄잔느와 심지어는 잭슨 폴록과 같은 화가들로부터 어떤 방법론적 시사를 얻은 바 있다고 고백하기도 했다.

김춘수는 1922년 한국 남해안의 소도시인 통영의 한 부잣집에 태어났다. 그의 시에는 바다의 이미지가 많고 그의 어린 시절의 추억들이 그 해안 소도시를 정경으로 하여 그의 작품들 속에 꾸준히 등장한다. 통영에서 초등학교를 마친 다음 그는 서울로 올라와 한국의 최고 명문교의 하나인 현재의 경기고등학교의 전신에 다녔다. 그러나 그는 단지 그의 반을 담임했던 일본인 교사가 싫다는 한 가지 이유만으로 졸업을 몇 달 앞두고 퇴학을 하고 도쿄로 갔다. 도쿄에서 그는 일본대학 예술과에 적을 두었지만 학부를 마치진 못했다. 왜냐하면 그는 '불령선인'으로서 일본 헌병대에 체포되어 요코하마와 도쿄의 유치장에서 7개월을 보내야 했기 때문이다. 한국으로 송환되어 그는 1945년 일본통치에서 한국이 해방될 때까지 한국 최고의 명승지인 금강산과 통영에서 요양하며 은신하였다.

한국이 해방되자 김춘수는 고향에 있는 중학교에서 교편

을 잡으면서 또한 향토 출신의 다른 시인, 화가 및 음악가들과 함께 지방 문화운동에 참여했다. 50년대 말경부터 그는 대학에서 가르치기 시작하여 1961년부터 1979년까지 대구에 있는 경북대학교에서 강단에 섰다. 그는 계속하여 1979년부터 1981년까지 영남대학교에서 교편을 잡았는데 1981년에 '어찌된 영문인지도 모른 채' 갑자기 국회의원직이 떠맡겨졌다. 국회에서의 임기가 끝난 다음에 그는 또한 2년간 방송심의위원장직을 맡기도 했다.

그러나 그러는 동안에도 그는 시작詩作을 놓은 적은 없었다. 그의 첫 시집 『구름과 장미』는 1948년에 자비로 출판되었고 이어 『늪』이 1950년에 출판되었다. 그는 지금까지 10여 권의 시집과 몇 권의 시선집과 시전집, 그리고 또한 몇 권의 수필집과 함께 시론집을 잇달아 출간하였다. 이 기간 동안 그는 '자유문학상'(1959)과 '경남문화상'(1966)과 같은 저명한 상으로 인정을 받았다. 1981년에 그는 대한민국 예술원 회원으로 선출되었다.

시인으로서의 김춘수는 공공연한 순수주의자요, 실험주의자이다. 1970년경부터 그는 되풀이하여 자기는 이데올로기는 말할 것도 없고 관념도 믿질 않으며 심지어는 역사도 믿지 않는다고 공언해왔다. 그는 초년에 릴케의 영향을 가장 많이 받았지만 후년 그는 그가 '무의미 시'라고 부르는 것을 옹호했다. 60년대는 그의 초기와 후기 사이의 과도기였다. 그의 다섯 번째 시집인 『타령조기타』(1969)에는 한국의 어떤 타령의 가락에 말장난의 기교를 결부시켜 문명을

비판한 이 시기의 작품들이 들어 있다. 그의 후기시를 특징 짓는 '무의미 시'는 70년대 초에 시작된다. 우리는 이 점을 60년대 말부터 4반세기에 걸쳐 이따금씩 씌어져 1991년 10월에 그 전체가 한 권으로 출판된 『처용단장』의 제2부에서 똑똑히 본다.

『처용단장』은 길이가 다른 네 부분으로 되어 있고 한국의 어느 전설에 기초를 둔 한 편의 넌즈시 자서전적인 작품이다. 처용은 그의 아내가 현신한 악령의 꼬임에 넘어간 동해 용왕의 아들이라는 신화적 인물이다. 시인은 그가 창조한 처용은 역사에 의해 희생된 한 개인—묵시적으로는 시인 자신—이라고 설명한다. 그는 말을 이어 "이 경우의 역사는 그 자체 악한 의지이므로 악을 나타낸다"고 말한다. 폭력과 이데올로기가 역사와 동일시되는 그의 역사관은 그의 개인적인 경험에서 유래한다. 이 염세주의가 김춘수로 하여금 절망이, 놀이와 결합하여 위안이 되는 기교를 낳을 수가 있음을 깨닫게 만든 것이다. 그 결과가 '무의미 시'이다. 그것에는 논리가 없고 그것은 단순히 자유연상이나 순간적 환상의 전시일 따름이다.

『타령조기타』와 『처용단장』 사이에서 김춘수는 세 권의 시를 더 썼는데 그 중에서 『라틴점묘기타』(1988)는 그의 유럽여행에 관한 것이다. 그의 최근 시집 『서서 잠자는 숲』 (1993)은 그가 '리얼리즘과 반리얼리즘의 화학적 결합'이라고 말하는 산문시 작품집이다. 한국의 가장 중요한 생존시인 중의 한 사람인 김춘수는 지금 70대 중반이며 계속 시를 쓰고 있다. 시의 최종 국면은 두고 보아야겠지만 그가 항상 독창적이고 혁신적이리라는 것은 우리가 확신할 수 있다.

Introduction

"I am fond of looking at pictures," Kim Ch'un-Su once wrote, "though I am bad at drawing." This remark suggests the basic nature of his poetry; his poems indeed often present pictures. His typical poem, however, is not a conventionally realistic one. What he draws with words is, as a rule, tersely simplified and highly refracted. He has mentioned or written about a number of Western painters like Chagall, Miro and Goya. He has also confessed to having acquired certain methodological hints from such painters as Paul Cezanne and even Jackson Pollock.

Kim Ch'un-Su was born in 1922 to a rich family of Tongyong, a town on the southern coast of Korea. His poetry abounds in sea imagery, and memories of his childhood persist in his poems with the setting of that seaside town. After finishing primary school in Tongyong, he went up to Seoul to attend what is now Kyonggi High School, one of the most prestigious schools in Korea. But for no reason other than his dislike of the Japanese teacher who was in charge of his class, he quit the school a few months before graduation and went to Tokyo. In Tokyo, he was enrolled in the Department of Arts at Nihon University, but he could not complete his undergraduate course because he was arrested by the Japanese military police as a "subversive Korean" and had to spend seven months in police cells in Yokohama and Tokyo. Upon repatriation to Korea, he recuperated and went into hiding first in the Diamond Mountains, the most scenic spot in Korea, and then in Tongyong until Korea was liberated from Japanese rule in 1945.

On Korea's liberation, Kim Ch'un-Su started teaching at a high school in his home town, while also participating in local cultural movements with other poets, artists and musicians from the same locale. Towards the end of the 50s, he began teaching at colleges and, from 1961 through 1979, he taught at Kyungpuk University in Taegu. He subsequently taught at Yungnam University from 1979 to 1981, when he was suddenly made, "without his knowing how it all came about," a representative of the National Assembly.

After his term at the National Assembly, he also served as Chairman of Broadcasting Deliberation Committee for two years.

Meanwhile, however, he never stopped writing poetry. His first volume of poems, *The Cloud and the Rose*, was published at his own expense in 1948, followed by *Swamp* in 1950. He has now published, in rapid succession, a dozen volumes of poetry, several volumes of selected and complete poems derived from these, and also several studies of poetry as well as informal essays. During this time, he was recognized with distinguished awards, such as the Asian Free Literature Award (1959) and the South Kyongsang Cultural Award(1966). He was elected a member of the Korean Academy of Arts in 1981.

Kim Ch'un-Su as poet is an avowed purist and experimentalist. From around 1970, he has repeatedly declared that he does not believe in ideas, let alone idelogies, and not even in history. He was most influenced by Rilke in the early phase of his career, but in later years he advocated what he called "the poetry of no meaning". The 60s was a transition period between his early phase and later years. *The Ballad Tune and Other Poems* (1969), his fifth volume of poetry, contains poems of this period which combine the rhythm of certain Korean folk ballads with a technique of word-play as an attempt to critique civilization. "The poetry of no meaning," which characterizes his later years, begins in the early 70s. We note this specifically in the second part of *Fragments on Ch'oyong*, written, on and off, over a quarter of a century from the late 60s and published in its entirety in October, 1991.

The *Fragments on Ch'oyong* is an obliquely autobiographical poem consisting of four parts of varying length and based on a Korean legend. Ch'oyong is a mythic figure, reputedly a son of the Dragon King of the Eastern Sea, whose human wife was seduced by an incarnated evil spirit. The poet explains that his Ch'oyong is an individual—implicitly the poet himself—victimized by history. "History in this case," he adds, "represents evil, being a malignant will itself." His view of history, where violence and ideologies are equated with history, derives from his personal experiences. This pessimism brought Kim Ch'un-Su to realize that despair can breed a technique which can console when combined with play. The result is "the poetry of no meaning." It has no logic; it is simply a display of free associations or momentary fantasies.

Between *The Ballad Tune and Other Poems* and *Fragments on Ch'oyong,* Kim Ch'un-Su wrote three more volumes of poetry, of which *Latin Sketches* (1988) concerns his European trips. His latest volume, *The Woods that Sleep Standing* (1993), is a collection of poems in prose which he describes as "a chemical combination of realism and anti-realism." One of the most important living poets in Korea, Kim Ch'un-Su is now in his mid-seventies and continues to write. The last phase of his poetry is yet to be seen, but we can be certain that he will always be original and innovative.

차 례
Contents

머리말 Preface
서론 Introduction

서시序詩 · 20	21 · Prologue
풍경風景 · 22	23 · Landscape
소년少年 · 24	25 · Boy
산장山莊 · 26	27 · Chalet
모른다고 한다 · 28	29 · They Say They Do Not Know
황혼黃昏 · 30	31 · Twilight
밤이면 · 32	33 · At Night
혁명革命 · 34	35 · Revolution
서풍부西風賦 · 36	37 · Song to the West Wind
부재不在 · 38	39 · Absence
가을 저녁의 시詩 · 40	41 · Poem on an Autumn Evening
밤의 시詩 · 42	43 · Poem Written at Night
기旗 · 44	45 · Flag
봄 (B) · 48	49 · Spring(B)
유월六月에 · 50	51 · In June
꽃 I · 54	55 · Blossom I
어둠 · 56	57 · Darkness
꽃 II · 58	59 · Blossom II

구름 · 60	61 · Cloud
바람 · 62	63 · Wind
꽃 · 64	65 · Flower
분수噴水 · 66	67 · Fountain
죽 음 · 70	71 · Death
꽃의 소묘素描 · 74	75 · Sketches of the Flower
꽃을 위한 서시序詩 · 80	81 · Prologue for a Flower
나목裸木과 시詩 · 82	83 · The Bare Tree and Poetry
나목裸木과 시詩 서장序章 · 88	89 · The Bare Tree : a Prologue to Poetry
타령조打令調 6 · 90	91 · Ballad Tune VI
타령조打令調 7 · 92	93 · Ballad Tune VII
나의 하나님 · 94	95 · My Dear God
샤갈의 마을에 내리는 눈 · 96	97 · The Snow Falling on Chagall's Village
겨울밤의 꿈 · 98	99 · Dream of a Winter Night
동국冬菊 · 100	101 · A Winter Chrysanthemum
봄 바다 · 102	103 · The Sea in Spring
인동忍冬 잎 · 104	105 · The Honeysuckle Leaves

유년시幼年詩 1 · 106	107 · Childhood I
라일락 꽃잎 · 108	109 · Lilac Petals
아침에 · 110	111 · In the Morning
새 봄의 선인장仙人掌 · 112	113 · The Cactus in Early Spring
남천南天 · 114	115 · Nandin
석류柘榴꽃 대낮 · 116	117 · A Pomegranate-flower Noon
처서處暑 지나고 · 118	119 · Past the Summer's End
앵초櫻草 · 120	121 · Primrose
아만드꽃 · 122	123 · Almond Blossoms
셋째번 마리아 · 124	125 · The Third Mary
가나에서의 혼인婚姻 · 126	127 · The Wedding in Cana
겟세마네에서 · 128	129 · At Gethsemane
깜냥 · 130	131 · The Best That Can Be
호도胡桃 · 132	133 · Walnut
안료顔料 · 134	135 · Pigment
분꽃을 보며 · 136	137 · Looking at a Simple Flower
차례茶禮 · 138	139 · A Feast to the Dead
고뿔 · 140	141 · Cold

처용단장處容斷章에서	From *Fragments on Ch'oyong*
제1부	Part I
1 · 142	143 · 1
2 · 146	147 · 2
3 · 148	149 · 3
6 · 152	153 · 6
13 · 154	155 · 13
제3부	Part III
14 · 156	157 · 14
20 · 158	159 · 20
22 · 160	161 · 22
25 · 162	163 · 25
32 · 164	165 · 32
이베리아 탑승搭乘 · 166	167 · Aboard an Iberian Flight
Blue · 168	169 · Blue
고야의 비명悲鳴 · 170	171 · Goya's Scream
훌라멩코무舞 · 172	173 · Flamenco
마요르카 도島 · 174	175 · The Island of Majorca
토레도 소견所見 · 176	177 · Observations in Toledo

마드리드의 어린 창부娼婦 · 178	179 · The Young Prostitute of Madrid
세르반테스 동상銅像 · 180	181 · The Bronze Statue of Cervantes
우나무노의 안경眼鏡 · 182	183 · The Glasses of Unamuno
아크로폴리스 점경點景	Scenes on the Acropolis
1. 바람 · 184	185 · 1. The Wind
2. 살냄새 · 186	187 · 2. The Smell of Flesh
3. 낮은 언덕 · 188	189 · 3. The Low Hill
꽃, 순수한 거짓 · 190	191 · Flower, a Pure Falsehood
고추잠자리 · 192	193 · A Red Dragonfly
어느 날 문득 나는 · 194	195 · On a Day, I . . .
산보散步 길 · 196	197 · On a Walk
겨울 에게해海 · 198	199 · The Aegean Sea in Winter
경인구警人句 · 200	201 · A Marvelous Phrase

◆『한국문학영역총서』를 펴내며 · 202
Series Editor's Afterword · 204

서시序詩

   가자. 꽃처럼 곱게 눈을 뜨고, 아버지의 할아버지의 원한의 그 눈을 뜨고 나는 가자. 구름 한점 까딱 않는 여름 한나절. 사방四方을 둘러봐도 일면一面의 열사熱砂. 이 알알의 모래알의 짜디짠 갯내를 뼈에 새기며 뼈에 새기며 나는 가자.
   꽃처럼 곱게 눈을 뜨고, 불모不毛의 이 땅바닥을 걸어가 보자.

Prologue

Now I will go, my lovely eyes opening like flowers. Now I will go, my father's and my grandfather's resentful eyes opening in me. Not one cloud has stirred all morning. Nothing but sizzling sands on all sides. Now I will go, the salt marsh smell of each grain of sand in my bones, in my bones.

Now I will tread this arid earth, my lovely eyes opening like flowers.

풍경風景

이 한밤에
푸른 달빛을 이고
어찌하여 저 들판이
저리도 울고 있는가

낮 동안 그렇게도 쏘대던 바람이
어찌하여
저 들판에 와서는
또 저렇게도 슬피 우는가

알 수 없는 일이다
바다보다 고요하던 저 들판이
어찌하여 이 한밤에
서러운 짐승처럼 울고 있는가

Landscape

Why is that field
weeping so
in the blue moonlight
at this dead of night?

Why is the wind that roved wildly
during the daytime
weeping so sorrowfully,
now it has come to that field?

I cannot understand
why that field, once quieter than the sea,
is weeping like a sorrowful beast
at this dead of night.

소년少年

희맑은
희맑은 하늘이었다.

   (소년少年은 졸고 있었다.)

열린 책장冊張 위를
구름이 지나고 자꾸 지나가곤 하였다.

바람이 일다 사라지고
다시 일곤 하였다.

희맑은
희맑은 하늘이었다.

소년少年의 숨소리가
들리는 듯하였다.

Boy

The sky was
clear as clear.

    (The boy was dozing.)

Over the open leaves of a book,
cloud after cloud went sailing past.

The wind would rise and vanish,
then rise again.

The sky was
clear as clear.

One could almost
hear the boy breathing.

산장山莊

구름이 날아와
유리창에서 부숴지면
바람은
꼬리를 흔들며 웃었다.
때론
멧새도 날아와 울어 주고
볕살 바른 언덕에는 왼종일
빨간 꽃도 피곤하였다.
구름과 바람 꽃과 새
이들의 고운 인연만이 흘렀고
일월日月에는 아무런 괴변도 없었는데
담장이 덩굴랑 부덕부덕 기어오르고
밤만 새면 넘어보는 쪽빛 하늘이여
느티나무 그늘에서 움메에 송아지가 부른다.

Chalet

When a cloud came and shattered against the window,
the wind
broke into laughter, shaking its tail.
Once in a while
mountain birds would come and sing;
on the hillside,
red flowers blossomed all day long.
Only relations shifted
among the cloud, wind, birds and flowers,
nothing happened to the sun and moon,
the ivy crept doggedly up the wall,
and the indigo sky peeped down at daybreak.
A calf is lowing in the shadow of a zelcova tree.

모른다고 한다

山은 모른다고 한다.
물은
모른다 모른다고 한다.

속잎 파릇파릇 돋아나는 날
모른다고 한다.
내가 기다리고 있는 것을
내가 이처럼 너를 기다리고 있는 것을

山은 모른다고 한다.
물은
모른다 모른다고 한다.

They Say They Do Not Know

The mountain says it doesn't know.
The water says it doesn't know, it doesn't know.

The day young leaves come out emerald,
they say they do not know
that I am waiting,
that I am waiting for you so.

The mountain says it doesn't know.
The water says
it doesn't know, it doesn't know.

황혼黃昏

뉘가 올간을 울리고 있다
꿈속에서처럼 하염없이
뉘가 올간을 울리고 있다

내가 잊어버린 아득한 날을
실실이 풀어 주는 듯
뉘가 올간을 울리고 있다

어둑한 거리를
꼭 한 사람 30세三十歲의 여자가 지나간다
내가 잊어버린 아득한 날을
그 여자는 울며 간다

뉘가 올간을 울리고 있다
사라질 듯 질 듯
하염없이 뉘가 올간을 울리고 있다

Twilight

Someone is playing the organ.
Listlessly, as in a dream,
someone is playing the organ.

As if unravelling days
I have utterly forgotten,
someone is playing the organ.

On the street at dusk
only a woman of thirty goes by.
She goes, weeping over bygone days
I have utterly forgotten.

Someone is playing the organ,
As if vanishing away and away
someone is listlessly playing the organ.

밤이면

불이 켜인다
밤이면 집집마다
불이 켜인다

멀리 가까이
우는 듯 속삭이는 듯
불이 켜인다

사랑하는 이들의
사랑하는 이들의
우는 듯 속삭이는 듯
밤이면 집집마다에
불이 켜인다

따스한 손결들
보고 싶은 이름들
저마다 마음 속
소리도 없이……

불이 켜인다
밤이면 집집마다
불이 켜인다

At Night

Lights come on.
At night, lights come on
in every house.

Far off or near by,
as if weeping or whispering,
lights come on.

By lovers,
by lovers,
as if weeping or whispering,
lights are turned on
in every house at night.

Warm hands,
missed names,
brought to each mind
soundlessly. . .

Lights come on.
At night, lights come on
in every house.

혁명革命

 활활 타오르는 불꽃. 불꽃은 뛰고 불꽃은 뛰어, 드디어 하늘을 핏빛으로 물들여 놓았으니, 불 속으로 불 속으로 우리들은 어디까지 가야만 하는 게냐?
 귀에 쟁쟁이는 멜로디—. 사람의 혼을 어지럽게 하는 꿈같이 아름다운 멜로디—. 우리들을 채찍질하는 저 노래는 어드매서 어드매서 끊어지는 게냐?

Revolution

Flames flare up in rage. Now the flames, leaping and leaping, have dyed the whole sky bloodred. How deep into flames do we have to go?

Melodies ringing in the ear—melodies, beautiful as dreams, confound our souls. Where, where will that song snap, which whips us along?

서풍부 西風賦

너도 아니고 그도 아니고, 아무 것도 아니고 아무 것도 아니라는데⋯⋯ 꽃인 듯 눈물인 듯 어쩌면 이야기인 듯 누가 그런 얼굴을 하고,

간다 지나간다. 환한 햇빛 속을 손을 흔들며⋯⋯

아무 것도 아니고 아무 것도 아니고 아무 것도 아니라는데, 온통 풀냄새를 널어놓고 복사꽃을 울려놓고 복사꽃을 울려만 놓고,

환한 햇빛 속을 꽃인 듯 눈물인 듯 어쩌면 이야기인 듯 누가 그런 얼굴을 하고⋯⋯

Song to the West Wind

Not you, not him, not anything, not anything—but someone with a face like a flower, a tear, or a story perhaps,

goes by, passes by, waving a hand in the broad daylight . . .

Not anything, not anything, not anything, but shedding the smell of grass all around, making the peach-blossoms weep, making the peach-blossoms weep,

someone with a face like a flower, a tear, or a story perhaps, in the broad daylight . . .

부재不在

어쩌다 바람이라도 와 흔들면
울타리는
슬픈 소리로 울었다.

맨드라미, 나팔꽃, 봉숭아 같은 것
철마다 피곤
소리 없이 져 버렸다.

차운 한겨울에도
외롭게 햇살은
청석靑石 섬돌 위에서
낮잠을 졸다 갔다.

할일없이 세월歲月은 흘러만 가고
꿈결같이 사람들은
살다 죽었다.

Absence

Whenever the wind shook it,
the fence
raised sorrowful sounds.

Cockscombs, lilies, balsams and the like
bloomed in season
and faded without a sound.

Even in cold midwinter,
the lonely sunshine dozed
on the stepping stones
and was gone.

Only time kept flowing listlessly;
people lived as in a dream
and passed away.

가을 저녁의 시詩

누가 죽어 가나 보다
차마 다 감을 수 없는 눈
반만 뜬 채
이 저녁
누가 죽어 가는가 보다.

살을 저미는 이 세상 외롬 속에서
물같이 흘러간 그 나날 속에서
오직 한 사람의 이름을 부르면서
애터지게 부르면서 살아온
그 누가 죽어 가는가 보다.

풀과 나무 그리고 산山과 언덕
온 누리 위에 스며 번진
가을의 저 슬픈 눈을 보아라.

정녕코 오늘 저녁은
비길 수 없이 정한 목숨이 하나
어디로 물같이 흘러가 버리는가 보다.

Poem on an Autumn Evening

Someone seems to be dying.
With half-open eyes
that refuse to close,
someone seems
to be dying this evening.

In this world's harrowing loneliness,
in the days that have flowed away like water,
calling just one name,
calling piteously,
someone seems to be dying.

Look how the sad gaze of autumn
permeates grass, trees, hills, cliffs,
and indeed the whole world.

This evening
a life, incomparably chaste
must be flowing away somewhere, like water.

밤의 시詩

왜 저것들은 소리가 없는가
집이며 나무며 산이며 바다며
왜 저것들은
죄罪 지은 듯 소리가 없는가
바람이 죽고
물소리가 가고
별이 못박힌 뒤에는
나뿐이다 어디를 봐도
광대무변廣大無邊한 이 천지간天地間에 숨쉬는 것은
나 혼자뿐이다
나는 목 메인 듯
뉘를 불러볼 수도 없다
부르면 눈물이
작은 호수湖水만큼은 쏟아질 것만 같다
―이 시간時間
집과 나무와 산山과 바다와 나는
왜 이렇게도 약弱하고 가난한가
밤이여
나보다도 외로운 눈을 가진 밤이여

Poem Written at Night

Why are they soundless?
Houses, trees, hills and the sea—
why are they soundless,
as if they were guilty?
Now the wind has subsided,
the sound of water is hushed,
and the sky is studded with stars,
now there is me alone, no matter which way I turn.
I alone am breathing
in this immense, boundless world.
I cannot call
someone desperately.
If I called, tears enough
would surely flow to make a little lake.
—At this moment,
why are the houses, trees, hills and the sea
so weak and so poor?
O night,
night with eyes lonelier than mine.

기旗

1

제일 용맹한 전사戰士의 손에 잡힌 너는, 질타叱咤하고 명령命令하던 전장戰場에서의 너는,
우리들 마지막 성城이었다.
기旗여,
우리들 처음인 출범出帆이었다.
돛대 위에서 항구港口의 하늘을 노래처럼 흔들던 기旗여,

펄떡이던 기旗.
수지운 시늉으로 나부끼던 기旗.
끝없는 하늘가에 저마다 올려 건 기旗, 기旗,
빛나는 천阡의 눈동자에 새겨진, 그것은 넘쳐흐르는 물결이었다.

2

기旗를 위하여 훈장勳章도 없이 용맹하던 사람들은 쓰러져 갔다.
쓰러진 사람들을 불러 보아라.
가슴같이 부풀은 하늘의 저기, 그들 무명無名의 전사戰士들의 아름다운 이름을 불러 보아라.

Flag

1

In the hand of the most courageous warrior, under the command and orders of a battlefield,

you were our last fortress.

O flag!

It was our first sailing out.

O the flag that, from a masthead, waved in the sky over a port like a song!

The flag that was fluttering.

The flag that was waving shyly.

The flag, the flag that each and everyone hoisted up into the endless sky—

It was an overflowing wave stamped in a thousand bright eyes.

2

For a flag's sake, the brave have fallen, undecorated.

Try to call the fallen.

Up there in the sky, the flag is heaving like a breast. Try to call the beautiful names of those unknown warriors.

지금은
저마다 가슴에 인印 찍어야 할 때,
아! 1926년一九二六年, 노을빛으로 저물어 가는
알프스의 산령山嶺에서 외로이 쓰러져 간
　라이나 마리아 릴케의 기旗여,

Here is a moment
to be impressed in every heart:
O the flag of Rainer Maria Rilke, who fell alone as the Alps grew dark one nightfall in 1926.

봄 (B)

복사꽃 그늘에 서면
내 귀는 새보얀 등불을 켠다

풀밭에 배암이 눈 뜨는 소리
논두렁에 밈둘레가 숨쉬는 소리

복사꽃 그늘에 서면
내 귀는 새보얀 등불을 켠다

Spring (B)

When I stand in the shadow of peach blossom,
my ear lights a soft, white lamp.

O the sound of a snake awakening
and of a dandelion breathing!

When I stand in the shadow of peach blossom,
my ear lights a soft, white lamp.

6월六月에

　빈 꽃병에 꽃을 꽂으면
　밝아 오는 실내室內의 그 가장자리만큼
　아내여,
　당신의 눈과 두 볼도 밝아 오는가,
　밝아 오는가,
　벽壁인지 감옥監獄의 창살인지 혹或은 죽음인지 그러한
어둠에 둘러싸인
　　작약芍藥
　　장미薔薇
　　사계화四季化
　　금잔화金盞化
　그들 틈 사이에서 수줍게 웃음짓는 은발銀髮의 소녀少女
마아가렛
　을 빈 꽃병에 꽂으면
　밝아 오는 실내室內의 그 가장자리만큼
　아내여,
　당신의 눈과 두 볼에
　한동안 이는 것은
　그것은 미풍微風일까,
　천阡의 나뭇잎이 일제히 물결치는
　그것은 그러한 선율旋律일까,
　이유理由없이 막아서는
　어둠보다 딱한 것은 없다.
　피는 혈관血管에서 궤도軌道를 잃고

In June

When you put flowers into an empty vase,
darling,
do your eyes and cheeks brighten,
brighten, too,
as bright as the brightening margins of the room?
When you put into an empty vase the silver-haired
girl, marguerite
that smiles shyly among
peonies,
roses,
Chinese roses,
marigolds,
surrounded by dark walls or a prison or bars
or death or any such,
darling,
is it a breeze that stirs a little while
in your eyes and on your cheeks,
as bright as the brightening margins of the room?
Is it a breeze-like melody
that ripples a thousand leaves at once?
There is nothing more stunning
than the dark closing in for no reason.
Blood loses its track in the vein

사람들의 눈은 돌이 된다.
무엇을 경계警戒하는
사람들의 몸에서는 고슴도치의 바늘이 돋치는데,
빈 꽃병에 꽃을 꽂으면
아내여,
당신의 눈과 두 볼에는
하늘의 비늘 돋친 구름도 두어 송이
와서는 머무는가,

and men's eyes grow petrified.
Men's bodies wary of something
bristle with a hedgehog's prickles,
but when you put flowers into an empty vase,
darling,
do a couple of scaly clouds from the sky
come to your eyes
and your cheeks?

꽃 I

그는 웃고 있다. 개인 하늘에 그의 미소微笑는 잔잔한 물살을 이룬다. 그 물살의 무늬 위에 나는 나를 가만히 띄워 본다. 그러나 나는 이미 한 마리의 황黃나비는 아니다. 물살을 흔들며 바닥으로 나는 가라앉는다.
   한나절, 나는 그의 언덕에서 울고 있는데, 도연陶然히 눈을 감고 그는 다만 웃고 있다.

Blossom I

He is smiling. His smile ripples in the clear sky. On the pattern of the ripples, I gently let myself float. But I am no longer a yellow butterfly. Disturbing the ripples, I sink down to the bottom, to the bottom.

All morning, I am weeping on his slope, but he is smiling, his eyes closed in intoxication.

어둠

촛불을 켜면 면경面鏡의 유리알, 의롱衣籠의 나전螺鈿, 어린것들의 눈망울과 입 언저리, 이런 것들이 하나씩 살아난다.

차차 촉심燭心이 서고 불이 제자리를 정定하게 되면, 불빛은 방房안에 그득히 원圓을 그리며 윤곽輪廓을 선명鮮明히 한다. 그러나 아직도 이 윤곽輪廓 안에 들어오지 않는 것이 있다. 들여다보면 한바다의 수심水深과 같다. 고요하다. 너무 고요할 따름이다.

Darkness

When a candle is lit, the glass of the mirror, the inlays of the wardrobe, the eyes and lips of the children and things like these come into being one by one.

As the wick of the candle gradually straightens up and its flame settles into position, the circle of light fills the room, defining its fresh configuration, but there is still something that does not enter that configuration. When I look into it, it is like the depth of an ocean. It is far too quiet.

꽃 Ⅱ

 바람도 없는데 꽃이 하나 나무에서 떨어진다. 그것을 주워 손바닥에 얹어 놓고 바라보면, 바르르 꽃잎이 훈김에 떤다. 화분花粉도 난飛다. "꽃이여!"라고 내가 부르면, 그것은 내 손바닥에서 어디론지 까마득히 떨어져 간다.
 지금, 한 나무의 변두리에 뭐라는 이름도 없는 것이 와서 가만히 머문다.

Blossom II

There is no wind, but a blossom falls from the tree. When I pick it up, put it on my palm and look at it, its petals tremble with warmth. Its pollen scatters. As I call it "blossom!," it falls far away from my palm, I know not whither.

Now something nameless comes and lingers noiselessly around the tree.

구름

   구름은 딸기밭에 가서 딸기를 몇 개 따먹고 "아직 맛이 덜 들었군!"하는 얼굴을 한다.
   구름은 흰 보자기를 펴더니, 양羊털 같기도 하고 무슨 헝겊쪽 같기도 한 그런 것들을 늘어놓고, 혼자서 히죽이 웃어 보기도 하고 혼자서 깔깔깔 웃어 보기도 하고……
   어디로 갈까? 냇물로 내려가서 목욕沐浴이나 하고 화장化粧이나 할까 보다. 저 뭐라는 높다란 나무 위에 올라가서 휘파람이나 불까 보다…… 그러나 구름은 딸기를 몇 개 더 따먹고 이런 청명淸明한 날에 미안未安하지만 할 수 없다는 듯이, "아직 맛이 덜 들었군!" 하는 얼굴을 한다.

Cloud

A cloud goes to the strawberry field, eats a few strawberries and makes a wry mouth as if to say,

"They are not yet ripe."

The cloud spreads a white kerchief, lays on it something like wool or rags, grinning and laughing all by itself . . .

Where shall I go? Shall I go down to the river to bathe and make up, perhaps . . . ? But the cloud eats a few more strawberries and makes a wry mouth as if to say, "They are not yet ripe," as if it could not be helped, though it were sorry on such a fine day.

바람

풀밭에서는
풀들의 몸놀림을 한다.
나뭇가지를 지날 적에는
나뭇가지의 소리를 낸다……

풀밭에 나뭇가지에
보일 듯 보일 듯
벽공碧空에
사과알 하나를 익게 하고
가장자리에
금빛 깃의 새들을 날린다.

Wind

On the green,
it gestures like grass.
Passing through the branches,
it sounds like branches.

It is almost visible
on the green and in the branches.
It makes an apple ripen in the blue
as goldfinches
fly around the apple.

꽃

내가 그의 이름을 불러 주기 전에는
그는 다만
하나의 몸짓에 지나지 않았다.

내가 그의 이름을 불러 주었을 때
그는 나에게로 와서
꽃이 되었다.

내가 그의 이름을 불러 준 것처럼
나의 이 빛깔과 향기香氣에 알맞는
누가 나의 이름을 불러다오.
그에게로 가서 나도
그의 꽃이 되고 싶다.

우리들은 모두
무엇이 되고 싶다.
너는 나에게 나는 너에게
잊혀지지 않는 하나의 눈짓이 되고 싶다.

Flower

Until I spoke his name,
he had been
no more than a mere gesture.

When I spoke his name,
he came to me
and became a flower.

Now speak my name,
one fitting this color and odor of mine,
as I spoke his name,
so that I may go to him
and become his flower.

We all wish
to become something.
You to me and I to you
wish to become an unforgettable gaze.

분수噴水

1

발돋움하는 발돋움하는 너의 자세姿勢는
왜 이렇게
두 쪽으로 갈라져서 떨어져야 하는가,

그리움으로 하여
왜 너는 이렇게
산산이 부서져서 흩어져야 하는가,

2

모든 것을 바치고도
왜 나중에는
이 찢어지는 아픔만을
가져야 하는가,

네가 네 스스로에 보내는
이별離別의
이 안타까운 눈짓만을 가져야 하는가.

Fountain

1

On tiptoe, your posture tiptoe:
Why must you
split in two and fall down like this?

Why must you shatter
and scatter like this
on account of your longing?

2

After giving up all,
why must you
feel this rending pain
at the end?

Why must you keep
this heartbreaking
gaze of separation?

3

왜 너는
다른 것이 되어서는 안 되는가,

떨어져서 부서진 무수한 네가
왜 이런
선연한 무지개로
다시 솟아야만 하는가,

3

Why can't you
become something else?

Why must you, shattered
into innumerable selves,
rise again
as a radiant rainbow?

죽음

1

죽음은 갈 것이다.
어딘가 거기
초록草綠의 샘터에
빛 뿌리며 섰는 황금黃金의 나무……

죽음은 갈 것이다.
바람도 나무도 잠든
고요한 한밤에
죽음이 가고 있는 경건敬虔한 발소리를
너는 들을 것이다.

2

죽음은 다시
돌아올 것이다.
가을 어느 날
네가 걷고 있는 잎진 가로수街路樹 곁을
돌아오는 죽음의
풋풋하고 의젓한 무명無名의 그 얼굴……
죽음은 너를 향하여
미지未知의 제 손을 흔들 것이다.

Death

1

Death will be going.
Somewhere out there
past the green fountain,
a golden tree sprinkling light . . .

Death will be going.
At quiet midnight,
you will hear the pious footsteps
of Death going.

2

Death will be coming back,
coming back again.
One autumn day,
along the leafless avenue where you are walking,
the vivid, decent, anonymous
face of Death coming back . . .
Death will wave
his unfamiliar hand toward you.

죽음은
네 속에서 다시
숨쉬며 자라갈 것이다.

Death will
breathe and grow
within you again.

꽃의 소묘素描

1
꽃이여, 네가 입김으로
대낮에 불을 밝히면
환히 금빛으로 열리는 가장자리,
빛깔이며 향기香氣며
화분花粉이며…… 나비며 나비며
축제祝祭의 날은 그러나
먼 추억追憶으로서만 온다.

나의 추억追憶 위에는 꽃이여,
네가 머금은 이슬의 한 방울이
떨어진다.

2
사랑의 불 속에서도
나는 외롭고 슬펐다.

사랑도 없이
스스로를 불태우고도
죽지 않는 알몸으로 미소微笑하는
꽃이여,

눈부신 순금純金의 천天의 눈이여,
나는 싸늘하게 굳어서
돌이 되는데,

Sketches of a Flower

1

Flower, when you light a lamp
with your breath at noon,
margins opening in radiance of gold,
color, fragrance,
pollen . . . butterflies, butterflies—
the day of festival, however,
only comes as a remote remembrance.

Onto my memory, flower,
falls a dewdrop
you kept.

2

Even amidst the flames of love,
I was lonely and sad.

Flower, having burned
without love,
you smile in immortal
nakedness.

O thousand eyes of radiant pure gold!
while I turn into a stone,
chilled and hardened.

3

네 미소微笑의 가장자리를
어떤 사랑스런 꿈도
침범侵犯할 수는 없다.

금술 은술을 늘이운
머리에 칠보화관七寶花冠을 쓰고
그 아가씨도
신부新婦가 되어 울며 떠났다.

꽃이여, 너는
아가씨들의 간肝을
쪼아 먹는다.

4

너의 미소微笑는 마침내
갈 수 없는 하늘에
별이 되어 박힌다.

멀고 먼 곳에서
너는 빛깔이 되고 향기香氣가 된다.
나의 추억追憶 위에는 꽃이여
네가 머금은 이슬의 한 방울이

3

The margin of your smile
no lovely dream
can ever violate.

With a cloisonne coronet on her head,
golden and silver tassels hanging,
the young lady, too,
departed weeping.

Flower, you devour
the livers of young
ladies.

4

Your smile, in the end,
becomes a star to be embedded
in the inaccessible sky.

In a place far, far away,
you become a color and a fragrance.
Onto my memory, flower,
falls a dewdrop

떨어진다.
너를 향하여 나는
외로움과 슬픔을
던진다.

you kept.
To you I throw
my loneliness
and sorrow.

꽃을 위한 서시序詩

나는 시방 위험危險한 짐승이다.
나의 손이 닿으면 너는
미지未知의 까마득한 어둠이 된다.

존재存在의 흔들리는 가지 끝에서
너는 이름도 없이 피었다 진다.
눈시울에 젖어드는 이 무명無名의 어둠에
추억追憶의 한 접시 불을 밝히고
나는 한밤내 운다.

나의 울음은 차츰 아닌 밤 돌개바람이 되어
탑塔을 흔들다가
돌에까지 스미면 금金이 될 것이다.

……얼굴을 가리운 나의 신부新婦여,

Prologue for a Flower

I am now a dangerous animal.
The moment my hand touches you,
you become darkness, unknown and remote.

At the tip of a trembling twig of being,
you bloom and fall without a name.
I weep all through the night
in this nameless darkness seeping through my eyelids,
lighting a lamp of remembrance.

My weeping will gradually turn into a whirlwind,
shaking a tower,
and become gold when it penetrates the stone.

—My bride, her face veiled!

나목裸木과 시詩

1
시詩를 잉태孕胎한 언어言語는
피었다 지는 꽃들의 뜻을
든든한 대지大地처럼
제 품에 그대로 안을 수가 있을까,
시詩를 잉태한 언어言語는
겨울의
설레이는 가지 끝에
설레이며 있는 것이 아닐까,
일진一陣의 바람에도 민감敏感한 촉수觸手를
눈 없고 귀 없는 무변無邊으로 뻗으며
설레이는 가지 끝에
설레이며 있는 것이 아닐까,

2
이름도 없이 나를 여기다 보내 놓고
나에게 언어言語를 주신
모국어母國語로 불러도 싸늘한 어감語感의
하나님,
제일 위험危險한 곳
이 설레이는 가지 위에 나는 있습니다.
무슨 층계層階의
여기는 상上의 끝입니까,

The Bare Tree and Poetry

1

Could language pregnant with poetry
embrace in its arms the meaning of flowers
blooming and falling
like the firm earth?
Would not the language pregnant with poetry
be stirring
at the tip of each stirring
winter branch?
Stretching its antennae sensitive even to a puff of wind
in unspecified directions, blind and dumb,
would it not be stirring
at the tip of each stirring branch?

2

God, who sounds cold even in my mother tongue,
who has sent me here without a name
and who has given me language,
I am on this
stirring branch,
the most dangerous spot.
Of what stairway
is this the top?

위를 보아도 아래를 보아도
발뿌리가 떨리는 것입니다.
모국어母國語로 불러도 싸늘한 어감語感의
하나님
안정安定이라는 말이 가지는
그 미묘微妙하게 설레이는 의미意味 말고는
나에게 안정安定은 없는 것입니까,

3
엷은 햇살의
외로운 가지 끝에
언어言語는 제만 혼자 남았다.
언어言語는 제 손바닥에
많은 것들의 무게를 느끼는 것이다.
그것은 몸 저리는
희열喜悅이라 할까, 슬픔이라 할까,
어떤 것들은 환한 얼굴로
언제까지나 웃고 있는데,
어떤 것들은 서운한 몸짓으로
떨어져 간다.
―그것들은 꽃일까,
외로운 가지 끝에
혼자 남은 언어言語는
많은 것들이 두고 간

Whether looking up or looking down,
my foothold is shaking.
God, who sounds cold even in my mother
tongue,
is there no stability for me
except the subtly stirring sense
of the word "stability"?

3
At the tip of each lonely
branch of this sunlight,
language remains.
Language feels in its palms
the various weights of things.
Is it joy or is it sorrow?
Some smile beamingly
for a length of time
while some fall and drop,
making sad gestures.
—Are they flowers?
The language left alone
at the tip of each lonely branch
now feels in its palms

그 무게의 명암明暗을
희열喜悅이라 할까, 슬픔이라 할까,
이제는 제 손바닥에 느끼는 것이다.

4
새야,
그런 위험危險한 곳에서도
너는
잠시 자불음에 겨운 눈을 붙인다.
3월三月에는 햇살도
네 등덜미에서 졸고 있다.
너희들처럼
시詩도
잠시 자불음에 겨운 눈을 붙인다.
비몽사몽간非夢似夢間에
시詩는 우리가
한동안 씹어 삼킨 과실果實들의 산미酸味를
미주美酒로 빚어 영혼靈魂을 적신다.
시詩는 해설解說이라서
심상心像의 가장 은은한 가지 끝에
빛나는 금속성金屬性의 음향音響과 같은
음향音響을 들으며
잠시 자불음에 겨운 눈을 붙인다.

the light and dark of the weight
left behind by various things,
whether joy or sorrow.

4
Bird,
even at such a dangerous spot
you close
your sleepy eyes for a while.
In March the sunlight, too,
is dozing at your back.
Like you,
poetry also closes
its drowsy eyes for a while.
Between dreaming and waking,
poetry brews
the acid of fruit we have munched and swallowed
into mellow wine, soaking our souls.
Poetry, being an explication,
closes its drowsy eyes for a while,
hearing a sound like the shining
metallic sound
at the tip of the dimmest branch of imagery.

나목裸木과 시詩 서장序章

　겨울하늘은 어떤 불가사의不可思議의 깊이에로 사라져 가고,
　있는 듯 없는 듯 무한無限은
　무성茂盛하던 잎과 열매를 떨어뜨리고
　무화과無花果나무를 나체裸體로 서게 하였는데,
　그 예민銳敏한 가지 끝에
　닿을 듯 닿을 듯하는 것이
　시詩일까,
　언어言語는 말을 잃고
　잠자는 순간瞬間,
　무한無限은 미소微笑하며 오는데
　무성茂盛하던 잎과 열매는 역사歷史의 사건事件으로 떨어져 가고,
　그 예민銳敏한 가지 끝에
　명멸明滅하는 그것이
　시詩일까,

The Bare Tree; a Prologue to Poetry

The winter sky vanishes into a mysterious depth:
the infinite, which may or may not be so,
has dropped the luxuriant foliage and fruits,
making the fig tree stand bare:
but might that be poetry
that is almost, almost reaching the tip
of the sensitive twig?
The moment language is asleep,
without words,
the infinite comes smiling,
the luxuriant foliage and fruits dropping as historical events:
but might that be poetry
that blinks at the tip
of the sensitive twig?

타령조打令調 (6)

그해 여름은
6월六月 한 달을 비만 보내다가
7월七月 한 달도
구질구질한 비만 보내 오다가
8월八月 어느 날 난데없이 달려와서는
서둘렀을까,
지나가는 붕어팔이 노인老人을 불러다가
못물에 구름을 띄우기도 하고
수국水菊을 피우고
그 동안 썩어 있던
로비비아 줄기에서도 어느 새
갓난애기 귓불만한
로비비아를 뽑아 올리고
그처럼 너무 서두르다가
웃통을 벗은 채로
쿵 하고 갑자기 쓰러졌을까,
정말 그처럼 허무하게
그녀의 마당에서 그해 여름은
쿵 하고 쓰러져선 일어나지 못했을까,
건장한 몸이 6월六月 한 달을
비만 보내다가, 7월七月 한 달도
구질구질한 비만 보내 오다가 8월八月 어느 날
난데없이 달려와서는……

Ballad Tune VI

After sending only rain for a whole month in June,
after sending only
wretched rain for a whole month again in July,
The summer
came hurriedly all of a sudden one day in August
and, perhaps too much in haste,
called an old goldfish seller passing by,
had him float a cloud on the pond water,
and bloomed hydrangeas;
out of the robinia stalk
that had been rotten,
it drew a robinia
the size of a baby's earlobe;
was it in such a hurry
that it fell down suddenly with a thud,
its arms and chest bared?
Was summer really so futile
that she fell down in her yard
with a thud, never to rise again?
That robust body, after sending only rain
for a whole month in June, and again in July,
only wretched rain for a whole month, came hurriedly
all of a sudden one day in August . . .

타령조打令調 (7)

시무룩한 내 영혼靈魂의 언저리에
툭 하고 하늘에서
사과알 한 개가 떨어진다.
가을은 마음씨가 헤프기도 하여라.
땀 흘려 여름 내내 익혀 온 것을
아낌없이 주는구나.
혼자서 먹기에는 부끄러운 이상以上으로
나는 정말 처치곤란處置困難이구나.
누구에게 줄꼬,
받아 든 한 알의 사과를
사랑이여,
나는 또 누구에게 줄꼬,
마음씨가 옹색해서
삼시 세 끼를 내 먹다 남은 찌꺼기
비릿한 것의
비릿한 그 오장육부五臟六腑 말고는
너에게 준 것이라곤 나는 아무 것도 없다.
아무 것도 없다. 허구한 날 손가락 끝이 떨리기만 하고
나는 너에게
가을에 사과알 한 개를 주지 못했다.
받아 든 한 알의 사과를
사랑이여,
나는 또 누구에게 줄꼬,

Ballad Tune VII

On the periphery of my sullen soul,
an apple drops
from heaven with a thud.
How prodigal the autumn is;
it gives without stint
what it ripened painstakingly all summer long!
I am more at a loss than ashamed
for eating it myself.
Whom shall I give it to?
The apple I have received,
love,
whom shall I give it to?
I am so small-minded
that I have given you
nothing but my five viscera
and six entrails, fishy from the fishy
leftovers from my three meals a day.
I have nothing. Each and every day my fingers only tremble,
but I haven't been able
to give you an apple in autumn.
The apple I have received,
love,
whom shall I give it to?

나의 하나님

사랑하는 나의 하나님, 당신은
늙은 비애悲哀다.
푸줏간에 걸린 커다란 살점이다.
시인詩人 릴케가 만난
슬라브 여자女子의 마음 속에 갈앉은
놋쇠 항아리다.
손바닥에 못을 박아 죽일 수도 없고 죽지도 않는
사랑하는 나의 하나님, 당신은 또
대낮에도 옷을 벗는 어리디어린
순결純潔이다.
3월三月에
젊은 느릅나무 잎새에서 이는
연둣빛 바람이다.

My Dear God

O dear God, you are
an age-old sorrow.
You are a hunk of meat hanging in a butcher's shop.
You are the brass jar
sinking down in the heart of a Slav woman
the poet Rilke met.
My dear God, you cannot be killed by nails through the palms,
nor die: you are the tenderest purity too,
that strips itself in broad
daylight.
You are
the bean-green wind among the leaves
of an elm tree in March.

샤갈의 마을에 내리는 눈

샤갈의 마을에는 3월三月에 눈이 온다.
봄을 바라고 섰는 사나이의 관자놀이에
새로 돋은 정맥靜脈이
바르르 떤다.
바르르 떠는 사나이의 관자놀이에
새로 돋은 정맥靜脈을 어루만지며
눈은 수천수만數千數萬의 날개를 달고
하늘에서 내려와 샤갈의 마을의
지붕과 굴뚝을 덮는다.
3월三月에 눈이 오면
샤갈의 마을의 쥐똥만한 겨울 열매들은
다시 올리브빛으로 물이 들고
밤에 아낙들은
그 해의 제일 아름다운 불을
아궁이에 지핀다.

The Snow Falling on Chagall's Village

Snow falls on Chagall's village, in March.
At the temple of a man looking forward to spring,
a new vein
trembles.
At the trembling temple of the man,
caressing the new vein,
the snow, with thousands of wings,
descends from heaven, covering
the roofs and chimneys of Chagall's village.
When snow falls in March
the winter berries of Chagall's village
revive in olive
and women make
the most beautiful fire of the year
in their ovens.

겨울밤의 꿈

저녁 한동안 가난한 시민市民들의
살과 피를 데워 주고
밥상머리에
된장찌개도 데워 주고
아버지가 식후食後에 석간夕刊을 읽는 동안
아들이 식후食後에
이웃집 라디오를 엿듣는 동안
연탄煉炭가스는 가만가만히
주라기紀의 지층地層으로 내려간다.
그날 밤
가난한 서울의 시민市民들은
꿈에 볼 것이다.
날개에 산홋빛 발톱을 달고
앞다리에 세 개나 새끼 공룡恐龍의
순금純金의 손을 달고
서양西洋 어느 학자學者가
Archaeopteryx라 불렀다는
주라기紀의 새와 같은 새가 한 마리
연탄煉炭가스에 그을린 서울의 겨울의
제일 낮은 지붕 위에
내려와 앉는 것을,

Dream of a Winter Night

Warming the flesh and blood of poor citizens
for a while in the evening,
warming the beanmash soup
on the dinner table
while Father reads the evening paper after dinner,
while the son eavesdrops
on the neighbor's radio after dinner,
the coal-brick gas sinks by stealth
down to the Jurassic stratum.
That night,
the poor citizens of Seoul
will see in their dreams
a bird like the Jurassic bird
a Western scholar
called Archaeopteryx
with coral-colored claw on its wings,
the three-clawed golden hand of a young dinosaur
on its foreleg,
alighting on the lowest roof
of Seoul in winter, blackened
by coal-brick gas.

동국冬菊

미팔군美八軍 후문後門
철조망鐵條網은 대문자大文字로 OFF LIMIT
아이들이 오륙인五六人 둘러앉아
모닥불을 피우고 있다.
아이들의 구기자枸杞子 빛 남근男根이
오들오들 떨고 있다.
동국冬菊 한 송이가 삼백 오십 원에
일류一流 예식장禮式場으로 팔려 간다.

A Winter Chrysanthemum

Near the back gate of the Eighth U. S. Army compound
   and the barbed wire saying OFF LIMITS in capital letters
   children, several of them, squat around
   making a fire.
   Their ruddy organs shiver in the cold.
   A winter chrysanthemum, sold at 350 won,
   goes to a first-class wedding hall.

봄 바다

모발毛髮을 날리며 오랜만에
바다를 바라고 섰다.
눈보라도 걷히고
저 멀리 물거품 속에서
제일 아름다운 인간人間의 여자女子가
탄생誕生하는 것을 본다.

The Sea in Spring

I stand looking at the sea after a long absence,
letting my hair stream free.
The snowstorms have stopped;
I see the most beautiful woman
in the world being born
out of the foam far away.

인동忍冬 잎

눈 속에서 초겨울의
붉은 열매가 익고 있다.
서울 근교近郊에서는 보지 못한
꽁지가 하얀 작은 새가
그것을 쪼아먹고 있다.
월동越冬하는 인동忍冬 잎의 빛깔이
이루지 못한 인간人間의 꿈보다도
더욱 슬프다.

The Honeysuckle Leaves

In the snow the red fruit
of early winter is ripening.
A little bird with a white tail
I have never seen in the suburbs of Seoul
is pecking at it.
The color of the wintering honeysuckle leaves
is sadder than human dreams
never realized.

유년시幼年時 (1)

호주濠洲아이가
한국韓國의 참외를 먹고 있다.
호주濠洲 선교사宣敎師네 집에는
호주濠洲에서 가지고 온 뜰이 있고
뜰 위에는
그네들만의 여름하늘이 따로 또 있는데

길을 오면서
행주치마를 두른 천사天使를 본다.

Childhood I

The child from Australia
is eating a Korean melon.
At the home of the Australian missionary,
there is a garden they brought from Australia
and over the garden lingers
a summer sky of their own.

Coming along the road,
I see an angel in an apron.

라일락 꽃잎

한 아이가 나비를 쫓는다.
나비는 잡히지 않고
나비를 쫓는 그 아이의 손이
하늘의 저 투명透明한 깊이를 헤집고 있다.
아침햇살이 라일락 꽃잎을
흥건히 적시고 있다.

Lilac Petals

A child is chasing a butterfly.
The butterfly does not get caught,
so the child's hands reaching for the butterfly
are stirring up the transparent depths of the sky.
The lilac petals are being soaked
in the morning sun.

아침에

크고 꺼칠한 손이
햇서리가 내린 밀감蜜柑나무의
밀감蜜柑을 따고 있었다.
밀감蜜柑밭이 있는
탱자나무 울 저쪽의 언덕길을
바다를 바라고
한 마리 살찐 망아지가 달리고 있었다.

In the Morning

A large rough hand
was picking tangerines from a tangerine tree
sprinkled with the earliest frost.
Along the hilly road
beyond the hedgerow of thorny oranges,
a fat colt was running,
viewing the sea.

새 봄의 선인장仙人掌

한 쪽 젖을 짤린
그쪽 겨드랑이의 임파선淋巴腺도 모조리 짤린
아내는 마취痲醉에서 깨지 않고 있다.
수술실手術室까지의 긴 복도複道를
발통 달린 침대寢臺에 실려
아내는 아직도 가고 있는지,
지금
죽음에 흔들리는 시간時間은
내 가는 늑골肋骨 위에
하마河馬를 한 마리 걸리고 있다.
아내의 머리맡에 놓인
선인장仙人掌의
피어나는 싸늘한 꽃망울을 느낄 뿐이다.

The Cactus in Early Spring

One breast and the whole
of the axillary lymph gland on that side cut off,
my wife has yet to come out of the ether.
Is she still going
on a rollaway bed
along the long corridor to the operating room?
At this moment
time, obedient to death,
is making a hippopotamus
trudge over my lean ribs.
I only feel the chilly buds
of a cactus
opening at her bedside.

남천南天

남천南天과 남천南天 사이 여름이 와서
붕어가 알을 깐다.
남천南天은 막 지고
내년 봄까지
눈이 아마 두 번은 내릴 거야 내릴 거야.

Nandin

As summer comes among nandin plants,
the gible spawns.
Now the nandins have shed their leaves,
snow will fall, fall
twice at least before the spring.

석류柘榴꽃 대낮

어제와 오늘 사이
비는 개이고
구름이 머리칼을 푼다.
아직도 젖어 있다.
미루나무 어깨 너머
바다
석류柘榴꽃 대낮.

A Pomegranate-flower Noon

Between yesterday and today
the rain stopped
and the clouds let down their hair.
It is still wet.
Over the shoulders of poplars,
the sea
and a pomegranate-flower noon.

처서處暑 지나고

처서處暑 지나고
저녁에 가랑비가 내린다.
태산목泰山木 커다란 나뭇잎이 젖는다.
멀리 갔다가 혼자서 돌아오는
메아리처럼
한 번 멎었다가 가랑비는
한밤에 또 내린다.
태산목泰山木 커다란 나뭇잎이
새로 한 번 젖는다.
새벽녘에는 할 수 없이
귀뚜라미 무릎도 젖는다.

Past the Summer's End

Past the summer's end,
it drizzles in the evening.
The large leaves of an evergreen are wet.
Like an echo returning from far away,
the drizzle that had stopped
falls again at midnight.
The large leaves of the evergreen
are wet again.
At dawn, the knees of a cricket, too,
cannot help getting wet.

앵초櫻草
－강신석화백姜信碩畵伯께

상수리나무 어깨 위
해는 가지 않고 있더라.
금오강金烏江 남쪽 모래톱이
하얗게 바래지고 있더라.
그날
오지 않는 저녁은
오지 않는 저녁의 그늘이 되어 주고 있더라.
이른 봄 풀밭에
울어서 눈이 빨개진 고지새가 한 마리
내려와 있더라.

Primrose

—To the painter Kang Shin-Sok

Over the shoulder of an oak tree,
the sun had stopped moving.
The sands south of the River Kumo
were bleaching white.
That day, the evening that wasn't coming
was becoming the shadow of that very evening.
On the green of early spring
a grosbeak came to rest with eyes
red from weeping.

아만드꽃

예수가 숨이 끊어질 때
골고다 언덕에는 한동안
천둥이 치고, 느티나무 큰 가지가
부러지고 있었다.
예루살렘이 잠이 들었을 때
그날 밤
올리브숲을 건너 겟세마네 저쪽
언덕 위
새벽까지 밤무지개가 솟아 있었다.
다음날 해질 무렵
생전生前에 예수가 사랑하고 그렇게도 걷기를 좋아하던
갈릴리호숫가
아만드꽃들이 서西쪽을 보며
시들고 있었다.

Almond Blossoms

When Jesus expired,
thunder rolled for a while
and the big branch of an elm broke
on the hill of Golgotha.
When Jerusalem was asleep
that night,
over the hill beyond Gethsemane,
across the olive grove,
a night rainbow arched till dawn.
At sunset the following day,
by the lake of Galilee Jesus loved when alive
and loved so much to walk on,
the almond blossoms were wilting,
facing west.

셋째번 마리아

가을이 짙어 가고 있었다.
천막절天幕節이 내일 모레로 다가오고 있었다.
나귀를 탄 사람들이
예루살렘 쪽으로 가고 있었다.
석양夕陽을 받은 키 큰 유카리나무들이 길가에
드문드문 빛나고 있었다.
예수가 하는 말에 귀 기울이는
마리아의 볼에 우물이 지고
웃을 때 고른 잇바디가
상아象牙빛으로 빛나고 있었다.
베타니아 마을
말타네 집 헛간방에서
오랜만에 참으로 오랜만에 잇바디를 드러내고
예수도 한 번 웃어 보였다.

The Third Mary

The autumn was deepening.
Tabernacle Day was coming in two days.
People astride donkeys
were going toward Jerusalem.
The tall eucalypti by the road were glinting
now and then in the evening sun.
Listening to Jesus
Mary's cheeks dimpled,
her even teeth shining in ivory
when she smiled.
In the barn of Martha's home
in the village of Bethany,
Jesus too made a broad smile, showing his teeth,
the first in a long time.

가나에서의 혼인婚姻

유카리나무 사이 사이
3월三月의 빨간 들꽃이 피고
남풍南風은 어느 새 밀을 다 자라게 하고
포도알을 살찌게 하고 있었다.
해질 무렵 헬몬산山
감람나무 숲에서 바람이 일면
가나마을은 한동안
해발海拔 오백 미터 높이에서
기쁜 듯 즐거운 듯 몸을 흔들곤 하였다.
승교乘轎에서 내린 신부新婦의 이름은 마리아
열 다섯 살,
예수는 그날 가나마을을 위하여
땀 흘리며
한 섬 여덟 말의 물을
잘 삭은 포도주로 바꿔 주고 있었다.

The Wedding in Cana

In between the eucalypti
the red wild flowers of March were blooming;
the south wind was already growing the wheat tall
and fattening the grapes.
When the wind arose at sunset
in the olive grove on Mt. Hermon,
the village of Cana,
five hundred meters above sea level,
would sway for a while as if in delight and joy.
The name of the bride alighting from a sedan was
Mary,
fifteen years old;
and for the village of Cana that day
Jesus, sweating,
was changing eighteen gallons of water
into well-fermented wine.

겟세마네에서

꿀과 메뚜기만 먹던 스승,
허리에만 짐승 가죽을 두르고
요단강江을 건너간 스승
라비여,
이제는 나의 때가 옵니다.
내일이면 사람들은 나를 침뱉고
발로 차고 돌을 던집니다.
사람들은 내 손바닥에 못을 박고
내 옆구리를 창으로 찌릅니다.
라비여,
내일이면 나의 때가 옵니다.
베드로가 닭 울기 전 세 번이나
나를 모른다고 합니다.
볕에 굽히고 비에 젖어
쇳빛이 된 어깨를 하고
요단강江을 건너간 스승
라비여,

At Gethsemane

Master, you ate only honey and locusts.
Rabbi, master who went across the Jordan,
covering just your loins
with a hide,
now my time is coming.
Tomorrow, they will spit at me,
kick me, throw stones at me.
They will drive nails through my palms
and pierce my side with a spear.
Rabbi,
tomorrow my time will come.
Peter will deny me three times
before cockcrow.
O rabbi, master who went across the Jordan,
with your iron-colored shoulders
baked in the heat
and wet by the rain!

깜냥

바람이 자고 있네요. 그 곁에
낮달도 자고 있네요.
남쪽 바닷가 소읍小邑을
귀 작은 나귀가 가고 있네요.
패랭이꽃이 피어 있네요.
머나먼 하늘, 도요새 우는
명아주여뀌꽃도 피어 있네요.

The Best That Can Be

Look, the wind is lulled. Look,
the moon at noon is lulled beside it.
In the little town by the southern sea,
look, a donkey with small ears is walking.
Look, a pink is in flower.
In the remote sky, a snipe is crying;
look, pigweeds and redshanks too are in flower.

호도胡桃

안다르샤, 도덕道德이
아마亞麻로 짠 식탁포食卓布처럼
마르셀이라는 농부農夫의
콧등이 펑퍼짐한 호피狐皮 구두처럼
닳고 닳을수록 윤이 난다.
바스크족族 늙은 추장酋長의
처가妻家가 있는 마을,
이승에서는 제일 높은
하늘이 있어 낮에도
은방울꽃 빛 달이 뜨고
다람쥐가 죽으면 눈이 내리는
안다르샤!

Walnut

In Andalusia the more worn-out,
the more lustrous morals become:
like the flaxen tablecloth,
like the flat-toed fox-skin shoes
of Marcel the peasant.
In the home village of the wife
of an old Basque chief
there is the highest sky in the world,
where the lily-bell-hued moon rises
at noon and snow falls
when squirrels die.
O Andalusia!

안료顔料

해가 지고 있다.
하늘 가까이 작은 열매 몇 개가
빛나고 있다.
여황산餘艎山 긴 허리를 빠져나온
바다,
턱이 뾰족한 아이가
발을 담그고 있다.
집에는 가지 않는 그 아이를 위하여
달이 뜨고 어둠이 오고 있다.

Pigment

The sun is setting.
Near the sky, a few little fruits
are shining.
In the sea, free at last from the long waist
of Mt. Yohwang,
a child with a pointed chin
is dipping his feet.
For the child, who won't go home,
the moon rises and it is getting dark.

분꽃을 보며

목수木手의 아내 마리아,
당신이 든 잔盞은
눈물도 아니고 놋쇠도 아니다.
당신은 양羊 한 마리와
하늘에 있다.
아들을 위하여
언제까지나 처녀處女로 있어야 하는 마리아,
당신 아들은 지금도
갈릴리 호수湖水를 맨발로 가고 있다.

Looking at a Simple Flower

Mary, wife of a carpenter,
the cup you hold
is not filled with tears nor made of brass.
You are in heaven
with a lamb.
Mary, for your son's sake
you have to be a virgin for ever,
while your son, even now,
is walking bare-footed on the lake of Galilee.

차례茶禮

추석秋夕입니다.
할머니,
홍시紅柿 하나 드리고 싶어요.
상강霜降의 날은 아직도 멀었지만
안행雁行의 날은 아직도 멀었지만
살아 생전에 따뜻했던 무릎,
크고 잘 익은
홍시紅柿 하나 드리고 싶어요.
용둣골 수박,
수박을 드리고 싶어요,
수박 살에
소금을 조금 발라 드렸으면 해요.
그러나 그 뜨거웠던 여름은 가고
할머니,
어젯밤에는 달이
앞이마에 서늘하고 훤한
가르마를 내고 있었어요.
오십년 전 그 날처럼

A Feast to the Dead

It is Harvest Moon Day.
Grandma,
I would offter you a mellow persimmon.
Though the Day of Frost-fall is still far ahead,
though the Day of Geese's Returning is still far ahead,
your lap was warm when you were alive,
and I would offer you
a big well-ripened persimmon.
I would offer you a watermelon,
one from the Valley of Yongdu,
with a bit of salt
sprinkled on it.
The hot summer is gone now,
Grandma,
and the moon last night
had its hair parted coolly and brightly
at its forehead.
Just as on that day fifty years ago.

고뿔

─ 고故 장 폴 사르트르에게

하늘수박 가을 바람 고추잠자리,
돌담에 속색이던 경상도慶尙道 화개花開 사투리.
신열身熱이 나고 오늘밤은 별 하나가
연둣빛 화석化石이 되고 있다.

Cold

– To the late Jean Paul Sartre

A snake gourd, autumn wind, a red dragonfly,
the dialect of Hwage, Kyongsang Province, whispering
to a stone wall.
I have a fever, and tonight a star becomes
a yellow–green fossil.

처용단장處容斷章에서

제1부

1

바다가 왼종일
새앙쥐 같은 눈을 뜨고 있었다.
이따금
바람은 한려수도閑麗水道에서 불어오고
느릅나무 어린 잎들이
가늘게 몸을 흔들곤 하였다.

날이 저물자
내 늑골肋骨과 늑골 사이
홈을 파고
거머리가 우는 소리를 나는 들었다.
베꼬니아의
붉고 붉은 꽃잎이 지고 있었다.

그런가 하면 다시 또 아침이 오고
바다가 또 한 번
새앙쥐 같은 눈을 뜨고 있었다.
뚝 뚝 뚝, 천阡의 사과알이
하늘로 깊숙이 떨어지고 있었다.

From *Fragments on Ch'oyong*

Part I

1

The sea kept opening
eyes like a mouse's.
The wind would blow
from the Hanryo Channel once in a while
and the young leaves of an elm
would tremble delicately.

As it was growing dark,
I heard a leech furrow
between my ribs
and weep.
The red, red petals
of a begonia were falling.

And then it was morning again
and the sea was again
opening eyes like a mouse's.
One by one, a thousand apples
were dropping into the depths of the sky.

가을이 가고 또 밤이 와서
잠자는 내 어깨 위
그해의 새눈이 내리고 있었다.
어둠의 한쪽이 조금 열리고
개동백의 붉은 열매가 익고 있었다.
잠을 자면서도 나는
내리는 그
희디흰 눈발을 보고 있었다.

The autumn gone, the night came along;
the fresh snow of the year
was falling on my shoulders.
A part of the dark opened a bit
and red haws were ripening in a spice bush.
In sleep, I was watching
the white, white
snowflakes falling.

2

3월에도 눈이 오고 있었다.
눈은
라일락의 새순을 적시고
피어나는 산다화山茶花를 적시고 있었다.
미처 벗지 못한 겨울 털옷 속의
일찍 눈을 뜨는 남南쪽 바다,
그날 밤 잠들기 전에
물개의 수컷이 우는 소리를 나는 들었다.
3월에 오는 눈은 송이가 크고
깊은 수렁에서처럼
피어나는 산다화의
보얀 목덜미를 적시고 있었다.

2

It was snowing in March.
The snow
was wetting the new shoots of lilacs
and the opening buds of sasanqua camellias.
The south sea, still in the furs of winter,
awakened early, opening its eyes;
and that night, before falling asleep,
I heard a male seal crying.
The snow falling in March had large flakes,
wetting the white nape
of sasanqua camellia buds opening
as if out of a deep quagmire.

3

벽壁이 걸어오고 있었다.
늙은 홰나무가 걸어오고 있었다.
한밤에 눈을 뜨고 보면
호주濠洲 선교사宣敎師네 집
회랑廻廊의 벽에 걸린 청동시계靑銅時計가
겨울도 다 갔는데
검고 긴 망토를 입고 걸어오고 있었다.
내 곁에는
바다가 잠을 자고 있었다.
잠자는 바다를 보면
바다는 또 제 품에
숭어새끼를 한 마리 잠재우고 있었다.

다시 또 잠을 자기 위하여 나는
검고 긴
한밤의 망토 속으로 들어가곤 하였다.
바다를 품에 안고
한 마리 숭어새끼와 함께 나는
다시 또 잠이 들곤 하였다

3

The wall was walking up.
The old Chinese scholar tree was walking up.
When I awoke at midnight and looked up,
the bronze clock on the wall
of the corridor of the Australian missionary's home
was walking up
in a long black mantle, though winter was over.
Beside me
the sea was asleep.
When I looked into the sea,
the sea was lulling
a young trout in her arms.

To fall asleep again, I would
creep into
the long mantle of midnight.
The sea in my arms,
I would fall asleep again,
with a young trout.

*

호주濠洲 선교사宣敎師네 집에는
호주濠洲에서 가지고 온 해와 바람이
따로 또 있었다.
탱자나무 울 사이로
겨울에 죽두화가 피어 있었다.
주主님 생일生日날 밤에는
눈이 내리고
내 눈썹과 눈썹 사이 보이지 않는 하늘을
나비가 날고 있었다.
한 마리 두 마리,

*

At the home of the Australian missionary,
they had a sun and wind of their own
they had brought from Australia.
In the hedgerow of thorny oranges,
a kerria was blooming in winter.
On the night of the birthday of the Lord
it was snowing,
and in the invisible sky between my eyebrows
butterflies were flying,
one or two.

6

모과木瓜 나무 그늘로
느린 햇발의 땅거미가 지고 있었다.
지는 석양夕陽을 받은
적은 비탈 위
구기자枸杞子 몇 알이 올리브빛으로 타고 있었다.
금붕어의 지느러미를 쉬게 하는
어항魚缸에는 크낙한 바다가
저물고 있었다.
VOU 하고 뱃고동이 두 번 울었다.
모과木瓜나무 그늘로
느린 햇발의 땅거미가 지고 있었다.
장난감 분수噴水의 물보라가
솟았다간
하얗게 쓰러지곤 하였다.

6

Into the shade of a Chinese quince tree,
a slow dusk was creeping.
On top of a little slope lit by the evening sun,
some fruits of a Chinese matrimony vine
were burning the color of an olive.
In the fish bowl, giving the fins
of goldfish a rest,
a vast sea was growing dark.
A boat whistle hooted twice.
Into the shade of a Chinese quince tree
a slow dusk was creeping.
The spray of a toy fountain
would rise
and collapse white.

13

봄은 가고
그득히 비어 있던 풀밭 위 여름,
네잎 토끼풀 하나,
상수리나무 잎들의
바다가 조금씩 채우고 있었다.
언제나 거기서부터 먼저
느린 햇발의 땅거미가 지고 있었다.
탱자나무 울이 있었고
탱자나무 가시에 찔린
서西녘 하늘이 내 옆구리에
아프디 아픈 새발톱의 피를 흘리고 있었다.

13

Spring gone,
summer over the empty green,
little by little
the sea of acorn leaves was steeping
four-leaved white Dutch clovers.
Always spreading from there,
a slow dusk was settling.
There was a hedgerow of thorny oranges
and the western sky pricked by their thorns
was bleeding, through my sides,
the painful blood of a bird's claws.

제3부

14

총을 메고 사내들은
멀리 떠나가고
얼굴에서 화장을 지우고
여자들은 하루 하루 목덜미가
야위어갔다.
천황폐하天皇陛下와
나라를 위해서라고 했지만
천황폐하와
나라가 없는 나는
꿈에 나온
조막만한 왜떡 한쪽에
밤마다
혼魂을 팔고 있었다.
누구도 용서해주고 싶지 않았다.
들창 밖으로 날아간 새는
해가 지고 밤이 와도
돌아와주지 않았고
가도 가도 내 발은
세타가야セタガヤ 서署 감방
천길 땅 밑에 있었다.

Part III

14

With rifles on their shoulders
men left for far-away places;
having rubbed off their make-up
women had necks growing thinner
day by day.
They said it was all for the sake
of His Majesty the Emperor and the country,
but with no such things,
I was selling my soul
for a little piece
of Japanese rice-cake
offered in dreams.
I would not forgive anyone.
The bird that had flown out of the window
did not come back
even after sunset and nightfall,
and for good my feet
were planted deep, deep under the floor
of the cell in the Setagaya Police Station.

20

「세르팡」*은 배암이지만
배암의 프랑스말이지만
한때는 나의「이브」였다.
「세르팡」을 겨드랑이에 끼고
꿈을 잃은 식민지의 젊은이처럼
남의 나라 거리에서 나는 왠지
눈물이 글썽했다.
모든 것이
전쟁戰爭까지가
모난 괄호 안에 들어가고 있었다.
「마르크스」와「자본론資本論」까지가,
30년대도 다 저물어가면서
나에게 때아닌 세기말世紀末이 와서
나는 그때
밤잠도 설치며
쉐스토프를 읽고 있었다.
─「허무虛無로부터의 창조創造」,**

* 30년대에 젊은 지식층에 읽힌 잡지
** 쉐스토프가 쓴 안톤 체호프論

20

Serpent is snake,
a French word for snake,
but it was my Eve once.
With a copy of *Serpent* under my arm,
as a youth from a colony, deprived of dreams,
I had my eyes filled with tears for no reason
in the streets of a foreign country.
Everything, including
even the War,
was in square brackets.
Even Marx and *Das Kapital,*
and the 1930s coming to an end,
bringing an untimely *fin de siècle* for me,
I was reading
without sleeping
Shestov's
Creation ex Nihilo.

22

대낮에 갑자기
해가 지고, 그때
나는 신나게 신나게 시들고 있었다.
비가 멎고
릴라꽃 같은
비에 젖은 달이 뜨자
나는 죽고
그날 밤
살을 감추는 별 혹은 석류石榴꽃 그늘에
눈 뜨는 그네,

22

Suddenly the sun set
at noon, when I was withering
in great, great excitement.
When the rain stopped
and the rain-wet moon rose
like lilac blossom,
I died
and she awoke that night,
under a star that was hiding its flesh
in the pomegranate flowers.

25

반딧불 하나
열熱없이
내 손바닥에서 사그라져 간
순하디 순한 그해 여름
나는 죽고, 그때
갓 태어난 그네, 날마다 밤마다
오늘도 그네는
보지 못한
나를 운다.

25

In the meekest summer
of that year
when a firefly faded away
in my palm feverlessly,
I died and
she had just been born.
Day and night, even today,
she is weeping over me
whom she has never seen.

32

다섯 살 때 나는
천사天使란 말을 처음 들었다.
내 귀는
봄바다가 모래톱을 적시는 소리를
듣고 있었다.
열다섯 살 때 나는
프롤레타리아란 말을
처음 들었다.
명문중학名門中學에 다니는 것이
왠지 미안했다.
모자를 벗고 길을 걸었다.
리비도란 말을 처음 들은 것은
그 이듬해다.
봄에는 수학여행修學旅行을 갔다.
봉천奉天에서 수랍水蠟 같은 하얀
양귀비꽃을 봤다. 거기가
만몽백화점滿蒙百貨店이던가,

32

When I was five, I heard
the word *angel* for the first time.
My ears were listening
to the sound of water moistening
the sand by the sea.
When I was fifteen,
I heard the word *proletariat*
for the first time.
I was somehow sorry
I was going to a prestigious high school.
I walked without the school cap on.
It was in the following year
that I first heard the word *libido*.
We went on a study tour in the spring.
In Shenyang, I saw a white poppy
like white wax. Was it
at the Manmong Department Store?

이베리아 탑승搭乘

에어 프랑스가 내는 포도주와
이베리아가 내는 포도주는 다르다.
혀에 와 닿는
산성酸性이 다르다.
프랑스와 스페인은
  (피레네 산맥山脈 탓일까?)
바람이 다르고 햇살의 미립자微粒子가 다르다.
물도 다르다.
늘 빳빳한 드골 장군將軍의
웃지 않는 코와
끝이 위로 조금 솟다가 안으로 말린
돈키호테의 코밑수염은 다르다.
  (둘이 다 우습기는 하지만)
이베리아를 타면
스튜어디스의 눈이 너무 까맣다.
너무 까매서 슬프다.
드골 공항空港에도 오를리 공항空港에도
그런 눈은 없다.

Aboard an Iberian Flight

The wine Air France serves
differs from that Iberia offers.
The acidities that touch the tongue
differ from each other.
France and Spain differ
  (Is it because of the Pyrenees?)
in the wind and the particles of sunlight.
They also differ in the water.
The always stiff, smileless nose
of General De Gaulle differs
from the mustache of Don Quixote
that curls up and inward.
  (Both are funny though.)
On board an Iberian flight,
you will find the stewardess's eyes too black.
They are so black they look sad.
There are no such eyes at De Gaulle
or at Orly.

Blue

호텔 로비에서 듣는 스페인 어語는
쪽빛이다.
역시
서울에서 생각했던 그대로다.
칼을 타면서도 줄곧 그런 생각을 했지.
말라카의 물빛만큼 환한
Blue,
그늘이 없다.
속이 잘 들여다보이지만 어디 가서
쉴 곳이 없다.
너무 환하다.
산호珊瑚꽃도 보인다.
섣달에 우는 귀뚜라미,
목쉰 부缶소리는
에플러 강江의 저녁과 함께
어디로 갔을까?

Blue

The Spanish I hear in the hotel lobby
is indigo blue.
It is exactly
what I expected in Seoul.
I kept thinking so while on board KAL.
It is bright blue like the Malacca
waters.
It has no shadows.
It is transparent, with no place
to rest.
It is too bright.
You can even see the coral.
Where has the cricket gone chirping in December
in the husky sound of an ancient Chinese instrument,
gone with the evening
over the River Esla?

고야의 비명悲鳴

루벤스의 수족手足을 라틴어語 Ars가
꽁꽁 묶어놓았다.
그는 즐거운 듯 묶여 있다.
판타이크
틴토레트
베라스케스도 모두
Ars가 세계를 새로 태어나게 한다고
외치고 있다.
토레도에서 엘 그레꼬도
그런 말을 하는 것을 들었다.
그가 세 들어 있던 집
햇빛이 희미한 골방에서 속삭였다.
고야만이 만년晩年에
쇠사슬이
살을 파고드는 아픔을 느꼈다.
Ars가 만든 여자女子
마야 부인은 목이 잘리고
어느 날
그의 인물人物들은 루오의 예수처럼
윤곽이 문드러져갔다.
배경背景도 없다.
가보렴!
그의 비명悲鳴소리는 프라도 미술관美術館을
지금도 흔들고 있다.

Goya's Scream

The Latin word *Ars* has tied
Rubens up.
He is glad to be tied up.
Van Dyke,
Tintoretto,
Velazquez, all of them,
shout that *Ars* makes the world
be born anew.
At Toledo I heard El Greco
say the same thing.
He whispered in the dim inner room
of the house he rented.
Only Goya felt the pain
of the iron chain
eating into his flesh.
Maja, the woman *Ars* created,
had her head cut off,
and one day
the outlines of his portraits wore out
like the Jesus of Rouault.
They have no background even.
Go and look!
His scream is shaking
the Prado even now.

홀라멩코무舞
―집시를 위한 짧은 서사시敍事詩

옛날 옛적
히말라야에 아직도
파란 털의 늑대가 살고 있던 그때
한 아리안의 계집이
셈족族의 한 사내를 사랑했다고 한다.
장마가 멎고
갠지스강江에 연꽃이 피던 날
그들은 서로의 종족種族을 버리고
길을 떠났다.
피레네산맥山脈 너머 서쪽으로 멀리 멀리
다람쥐가 죽으면 눈이 내리는
바스크 족族의 마을을 지나
지금은 발렌시아,
낮에도 은방울 꽃빛 달이 뜨는
발렌시아,
발렌시아에서 마침내 그들은
바다를 보았다.
바다는 해가 지고 있었고
거기만 또렷해진 수평선水平線,
물새들이 막 떠난 그쪽을 바라고
땅을 차며 발을 동동 구르다가
구르다가
소리를 질렀다. 목청껏
fla fla man co, fla-man-co

Flamenco

–A short epic for Gipsies

Once upon a time
when blue-furred wolves
were still living in the Himalayas
an Aryan girl, they say,
loved a Semitic man.
The day when the rains were over
and lotuses bloomed on the Ganges,
they set out on a journey,
leaving their own tribes.
Further and further west
beyond the Pyrenees
and past the village of the Basques
where it snows when squirrels die,
to what is now Valencia
where the lily-bell-colored moon rises at noon.
In Valencia they saw the sea
at long last.
The sun was sinking into the sea,
past a uniquely clear horizon.
Looking at the direction the sea birds had flown,
Beating and tramping on the ground,
on the ground,
they shouted at the top of their voices:
fla fla men co, fla-men-co.

마요르카 도島

헬렌을 업고 달아난
양羊 치던 왕자王子 파레스, 그가
아직도 살아 있다.
나이는 열 여덟
열 일곱?
아직도 샌들을 신었다.
억센 무릎이 사시나무 떨듯 떨고 있다.
태풍颱風이 오고 있나부다. 그러나
태풍颱風은 비켜가고
태풍颱風이 비켜간 날 밤하늘에는
흑진주黑眞珠 같은 검은 별들이
검은 은하銀河를 만들었다.
후앙 미로가 여기서 태어났다.
그의 그림 한쪽에는 언제나
보일 듯 말 듯
귀가 쭈뼛하고 눈이 순한
그의 아내가 동그랗게 앉아 있다.
사람들은 일러
마요르카의 나귀라고 한다.

The Island of Majorca

Paris, the shepherd prince
who ran away with Helen on his back,
is still alive.
Seventeen or
eighteen years old?
He is still in sandals.
His strong knees tremble like an aspen leaf.
A hurricane seems to be coming. But
the hurricane kept away.
In the night sky the hurricane kept away from,
the stars like black pearls
formed a black milky way.
Juan Miró was born here.
Always in a corner of his picture
sits his wife alone,
with pricked-up ears
and meek eyes.
They call her
the donkey of Majorca.

토레도 소견所見

하늘을 나는 새처럼
들에 피는 꽃처럼
토레도에서 사람들은
내일을 근심하지 않아도 되었다.
하느님은 모든 것을 주신다.
아이들 사타구니 사이
예쁜 남근男根을 주시고
할머니 머리칼의
은빛을 주시고, 그리고
꼬부라진 좁다란 골목길을 주시고
잡화점雜貨店 처마 끝에 와서
잠깐 머물다 가는
석양夕陽,
저녁의 안식安息을 주신다.
그렇다. 이젠
누군가의 기억 속에 깊이 깊이 가라앉아 버린
도시都市,
토레도.

Observations in Toledo

Like the birds flying in the sky,
like the flowers blooming in the field,
the people in Toledo
don't have to worry about tomorrow.
God gives everything.
He gives lovely penises
between the thighs of children,
the silver in the hair
of a grandmother,
the winding narrow alleys,
the evening sun which lingers for a while
at the edge of the eaves of a grocer's
and fades away, and rest in the evening.
Yes. Toledo,
the city that has now sunk deep, deep
into somebody's
memory.

마드리드의 어린 창부娼婦

마드리드에는 꽃이 없다.
다니엘 벨은
이데올로기는 이제 끝났다고 했지만
유카리나무에 피는
하늘빛 꽃은 바다 건너
예루살렘에 가야 있다.
마드리드의 밤은
어둡고 낯설고
겨울이라 그런지 조금은
모서리가 하얗게 바래지고 있다.
그네가 내미는 손이
작고 차갑다.

The Young Prostitute of Madrid

There are no flowers in Madrid.
Daniel Bell says
ideology is finished now;
and the azure flowers of eucalypti
are to be found
only in Jerusalem beyond the sea.
The night in Madrid
is dark and strange,
its edge bleached because
it is winter perhaps.
The hand she extends
is small and cold.

세르반테스 동상銅像

옆구리에 칼을 차고 있었던가
챙이 넓은 카다로니아 중절모ㅓ折帽를
머리에 얹고 있었던가
기억이 없다.
날짐승의 똥오줌이
콧잔등과 눈두덩을 망가뜨리고 있었던가
한 쪽 어깨에
예쁜 날개를 접고
날짐승이 한 마리 앉아 있었던가
기억이 나지 않는다.
다만 그는
끝이 위로 조금 솟다가 말고
안으로 말린
코밑 수염을 달고 있었다.
돈키호테가 달고 있던 그런
웃기는 코밑수염을 그도
달고 있었다.
그래서 그런지 그의 눈썹과 눈썹 사이가
몹시 오히려 찡그러져 있었다.

The Bronze Statue of Cervantes

Was he carrying a sword on his side?
Did he put a broad-peaked
Catalan hat on his head?
I don't remember.
Were birds' droppings
disfiguring his nose and upper eyelids,
or did a bird,
its pretty wings folded,
perch on a shoulder?
I don't remember.
But he had
a mustache curling up
a bit and then
curling inward.
He, too, had
the same funny mustache
that Don Quixote had.
Perhaps for that reason, there were
very deep wrinkles between his eyebrows.

우나무노의 안경眼鏡

매부리콧등에 은테안경을 걸치고
저녁에는 우나무노가 온다.
카다로니아어語로
그는 나에게 무슨 말을 해주지만
나는 한 마디도 알아듣지 못한다.
고도古都 토레도에 내리는 희디흰
눈발과도 같다.
나는 알고 있다.
그는 사상가思想家가 아니라
시인詩人이다.

The Glasses of Unamuno

With silver–rimmed glasses on his Roman nose,
Unamuno comes in the evening.
He tells me something
in the Catalan dialect,
but I do not understand a word of it.
He looks like the whitest snowflakes
that fall in the old city, Toledo.
I know:
he is not a thinker,
but a poet.

아크로폴리스 점경点景

1. 바람

바람이 분다.
바람은 아킬레스처럼
아직도 힘이 세다.
여기 저기서 강아지풀들의 목뼈를
부러뜨리고 있다.
겨울인데
에게해海로 가는 바람은 그러나
춥지가 않다.
모과빛 나는 하늘,
저 멀리 옛날의 트로이 해안海岸이
가무스럼 보인다.

Scenes on the Acropolis

1. The Wind

The wind is blowing.
The wind is still strong
like Achilles.
It is breaking the necks of foxtails
here and there.
It is winter,
but the wind blowing toward the Aegean
is not cold.
Under a sky the color of Chinese quinces,
the coast of ancient Troy is faintly visible
far beyond.

2. 살냄새

4000년四千年 전에 죽은 여자女子
헬레네의 살냄새는 나지 않는다.
신전神殿의 기둥이
소문보다 너무 가늘다.
알렉산더 대왕大王의 동체胴體 없는 작은 얼굴이
그만 혼자 아직도 너무 젊다.
점잖게
등신대等身大로 누운 헤라클레스
그는 남근男根이 이미 반쯤 삭아
문드러지고 있다.

2. The Smell of Flesh

There is no smell of the flesh
from Helen who died several thousand years ago.
The pillars of the Pantheon
are much thinner than I had heard.
The small face of Alexander the Great without a trunk
is still too young, all alone.
Hercules
lies life-size, dignified:
his penis decayed,
about a half of it gone already.

3. 낮은 언덕

고전고대古典古代
헬레니즘시대時代는 멀리 멀리 가버리고
신전神殿은 아무 데도 벽壁이 없다.
한줌 유물遺物을
눈요기로 팔아
입에 풀칠하는 사람들,
아크로폴리스 낮은 언덕 위에 내린
모과빛 나는
봄이 먼저 온 듯한 하늘
겨울하늘,
어디로 날아갔나? 날개 달린
푸슈케,

3. The Low Hill

The classic antiquities
and the age of Hellenism have gone far, far away
and none of the temples have walls.
The people live
on a handful of relics
put on show.
The winter sky the color of a Chinese quince,
as if spring had come in advance,
hangs over the low hill
of the Acropolis.
Whither has winged Psyche flown?

꽃, 순수한 거짓
　　—처용단장處容斷章 제3부第三部를 위한 서시序詩

바다는 이쪽 기슭까지 와서
숨을 죽이고 또 한번 잠이 든다.
바라보면, 서천西天은 피어나고
보리밭 너머 잡목림雜木林 저쪽
그대는 가고 있다.

너무 일찍 떠나는 그대
돌아오라 돌아오라고
어리디어린, 대낮에
갓 태어난 별 하나가
나를 슬프게 한다.

그대 두고 가는 하늘 아래 거기
오늘은 그늘이 나고 바람이 일고
햇살이 스미는데
이제 내 눈에는 잘 보이지도 않는다.
…… 언제나 나를 앞질러 나보다는 먼저 떠나는
그대

Flower, a Pure Falsehood
  -A Prologue for Part 3 of *Fragments on Ch'oyong*

The sea comes up to this shore
and holds its breath, falling asleep again.
When I look out, the west blooms,
and beyond the copse across the barley field,
you are going.

You are leaving too early.
"Come back, come back,"
beckons the youngest star,
newly born at noon,
which makes me sad.

There under the sky, where you left,
a shade settles. The wind rises
and the sun permeates,
but my eye fails to see.
—You, who always leave earlier than I.

고추잠자리

　내 나이 댓 살 났을까 했을 때다. 나보다 열 살이나 더 먹은 외사촌 형이 땅바닥에 비틀배틀 옆으로 길게 줄을 한 가닥 그어놓고, 요걸 넘음 넌 죽는다 알았제! 하며 눈을 한번 부라리고는 친구 몇이와 어디론가 가버렸다. 댓 살 때의 열 살 차이는 너무도 아득했다. 나는 더럭 겁이 났다.
　푸르스름한 날개를 하고 고추잠자리가 한 마리 저만치 장다리 꽃밭을 두어 바퀴 돌다가 제 마음에 들었던지 장다리꽃 하나에 가 앉는다. 그 푸르스름한 날개를 한번 가볼까 말까 한번 가볼까 말까 하다가 끝내 나는 그만 거기 쓰러져 잠이 들고 말았다.

A Red Dragonfly

It was when I was barely five years old. My cousin on Mom's side, ten years older than I, drew a long irregular line on the ground and glared at me saying, "If you step over this, you will be dead, understand?" and then went away with some friends. To a five year old a ten-year difference was staggering. Suddenly I was seized with fear.

A red dragonfly with bluish wings, after making a couple of rounds of the patch of radish flowers, alighted on one of the flowers that it seemed to like. Once or twice I was thinking of going over to have a look at the bluish wings, but in the end I collapsed on the spot and fell asleep.

어느 날 문득 나는

포켓이 비어 있다. 땡그랑 소리내며 마지막 동전 한 닢이 어디론가 빠져나갔기 때문이다. 서운할 것도 없다. 세상은 무겁지도 가볍지도 않다. <않다>는 <않다>일 뿐이다. 괄호 안에서 멋대로 까무러쳤다 깨났다 하면 된다. 말하자면, 가을에 모과는 모과가 되고, 나는 나대로 넉넉하고 넉넉하게 속이 텅 빈, 어둡고도 한없이 밝은, 뭐라고 할까, 옳지, 늙은 니힐리스트가 되면 된다.

On a Day, I . . .

My pocket is empty. It is because my last penny has slipped out of it with a tinkle. Nothing to be sorry about. The world is neither heavy nor light. *Not* is not more than *not*. It will do only to repeat fainting and waking. It will do, as it were, for a Chinese quince to be a Chinese quince and for me to be generous, generously empty, dark but infinitely luminous—how shall I say—yes, an old nihilist.

산보散步길

어떤 늙은이가 내 뒤를 바짝 달라붙는다. 돌아보니 조막만한 다 으그러진 내 그림자다. 늦여름 지는 해가 혼신의 힘을 다해 뒤에서 받쳐주고 있다.

On a Walk

An old man clings close to my back. I turn to find it is my shadow crushed out of shape. The late summer's setting sun is supporting it from behind with all its might.

겨울 에게해海

물새소리를 듣는다. 물새는 보이지 않고, 물새소리는 멀리멀리 저녁을 풀어놓는다. 웬일일까, 지는 해가 한 번 슬쩍 등자나무 살찐 허리를 비춰준다. 메디아, 코린토스의 왕녀王女, 그네는 죽어서 무슨 혼백魂魄일까. 아직도 해 저무는 물새소리를 낸다.

The Aegean Sea in Winter

I hear crying water birds, I cannot find the water birds, but their crying lets the evening loose far, far away. The setting sun lights up the fat waist of an orange tree for a moment. Medea, the princess of Colchis—what ghost would she have been after death? She still raises the water bird's cry at sundown.

경인구警人句

보석寶石은 눈뜨고 있지 않다. 잠자고 있다. 잠자면서 꿈을 꾸고 있지도 않다. 보석의 잠은 그대로가 꿈이다. 꿈은 발이 없다. 무정부주의처럼 풍선風船처럼. 삼단논법三段論法으로 말을 하자면, 고故로 보석은 하늘나라의 것이다. 보석이여 땅에서는 눈뜨지 마라!

A Marvelous Phrase

The gem is not awake. It is asleep. In sleep it is not dreaming either. The gem's sleep is a dream in itself. The dream has no feet. Like anarchism, like a balloon. Therefore—to syllogize—the gem belongs to heaven. Gem, never waken on this earth.

『한국문학 영역총서』를 펴내며

한국문학을 본격적으로 번역하여 해외에 소개하는 일이 필요함을 우리는 오래 전부터 절실히 느껴 왔다. 그러나 좋은 번역을 만나기는 좋은 창작품을 만나는 것 못지 않게 어렵다. 운이 좋아서 좋은 번역이 있을 경우에는 또한 출판의 기회를 얻기가 쉽지 않다. 서구의 유수한 출판사들은 시장성을 앞세워 지명도가 높지 않은 한국의 문학작품을 출판하기를 꺼린다. 한국문학의 지명도가 높아지려면 먼저 훌륭하게 번역된 작품들이 세계적인 명성이 있는 출판사에서 출판이 되어 널리 보급이 되어야 하는데, 설혹 훌륭한 번역이 있다 하더라도 이 작품들이 해외에서 출판될 기회가 극히 제한되어 있어서, 지명도를 높일 길이 막막해지는 악순환을 거듭하는 것이 현실이다. 이런 현실을 타개하는 길은 좋은 작품을 제대로 번역하여 우리 손으로 책답게 출판하여 세계의 독자들에게 내놓는 데서 찾을 수밖에 없다. 이런 일을 하기 위해 도서출판 답게에서 "한국문학 영역총서"를 세상에 내놓는다.

"답게" 영역총서는 한영 대역판으로 출판되며, 이 총서는 광범위한 독자층을 위하여 만들어진 것이다. 무엇보다도 이 총서를 통해 해외의 많은 문학 독자들이 한국문학을 알게 되기를 희망한다. 이 총서는 또한 국내에서 한국학을 공부하거나 영어로 번역된 한국 작품을 필요로 하는 영어 사용권의 모든 사람들과 한국문학의 전문적인 번역자들을 위한 것이기도 하다. 전문 번역인들은 동료 번역자들의 작업을 자신들의 것과 비교함으로써 보다 나은 새로운 번역 방법을 모색할 수 있을 것이다. 고급한 영어를 배우기를 원하는 한국의 독자들도 대역판으로 출간되는 이 총서를 읽음으로써, 언어가 어떻게 문학적으로 신비롭게 또 절묘하게 쓰이는지를 깨닫는 등 많은 것을 얻을 수 있을 것이다.

 아무리 말쑥하게 잘 만들어진 책이라도 그 내용이 신통치 않으면 결코 책다운 책일 수 없다는 자명한 이유에서, "답게" 영역총서는 좋은 작품을 골라 최선의 질로 번역한 책만을 출판할 것이다. 또한 새로운 번역자의 발굴과 격려가 이 총서 발간의 목적 가운데 하나이다. "답게" 출판사가 발행하는 이 총서가 한국문학 번역의 중요성을 다시 한 번 일깨우고, 문학 작품의 번역이라는 불가능한 꿈을 가능하게 하려는 번역자들의 노력에 보탬이 되기를 바란다. 이런 시도가 여러 가지로 유용하고 또 도전적인 것이 될 때, 더 나아가서는 잘 번역된 한국 작품의 전세계적인 출판 작업이 이루어지는 단초를 마련할 수 있을 때, 이 선구적인 계획은 진정으로 성공적인 것이 될 것이다.

김영무 (서울대 영문과 교수)

Series Editor's Afterword

Extensive translation of Korean literature for the foreign readers has for many years been felt a pressing need. But to fall upon a good translation is much harder than to discern a good original work. If we are fortunate enough to secure a good translation, it is often very difficult to get it published abroad.

The major publishers of the western world are not yet prepared to run the risk of publishing works of relatively unknown Korean literature. Yet if Korean literature is to achieve worldwide fame, it first of all needs to be well translated, and then put into circulation throughout the world by those very publishers which are so reluctant to publish even good translations of Korean literature. It is a vicious circle : no publication without fame but no fame without publication. To save the situation, we should perhaps try to make available to readers abroad choice translations we ourselves have published in editions of high quality. The DapGae English Translations of Korean Literature series has been launched with this aim.

Each volume of the DapGae series will be a bilingual edition. We expect a wide-ranging audience for the series. It is our primary hope that it will help introduce many foreign readers to the world of Korean literature. The series is especially intended to serve English-speaking students enrolled in Korean studies programs and all who need translations of Korean literature, as well as those who may wish to compare their own translations with the translations of fellow translators in order to find new and better ways of translating. Korean readers studying advanced English can also benefit from reading these bilingual editions : the experience may help them to recognize the mystery of true mastery of the literary use of language.

However well designed a book may be, it cannot properly serve its purpose if the contents are mediocre. For that reason, the DapGae series will strive to introduce to the readers of the world the best translations of the finest works of Korean literature. One of the objectives of the series is to find and encourage new talents in English translation. We hope that the DapGae English Translations of Korean Literature series will serve in some small way to refocus attention upon the importance of translating Korean literature into good English and to make possible the impossible dream of literary translation. This pioneering project will be a true success not only if it proves useful and challenging but also if it paves the way for the publication of fine translations of Korean literature on a worldwide scale.

Young-Moo Kim
Department of English
Seoul National University

역자소개 The Translator

●김종길

1926 안동에서 출생
    고려대학교 영문과 졸업
    대구 경북대학교 및 청구대학에서 가르치다가 고려대학교로
    옮겨 33년간 재직하는 동안 셰필드대학과 케임브리지대학
    에서 각각 1년 간 연구
1978 목월문학상 수상
1987 런던 앤빌 프레스 포에트리에서 영역한국한시선
    Slow Chrysanthemums 간행
1992 고려대학교에서 정년퇴임
1996 인촌상 수상
    현재 고려대학교 명예교수 및 대한민국 예술원 회원

Jong-Gil Kim was born in Andong in 1926 and studied English literature at Korea University. He taught at Kyungpuk University and Chungku College in Taegu before he moved to his alma mater where he taught for thirty-three years up to his retiremert in 1992. During his teaching period at Korea University, he spent an academic year at Sheffield University and another at Cambridge University. A poet and critic in his own right, he has translated both from and into English and his translations include *Slow Chrysanthemums*(London:Anvil Press Poetry, 1987), a selection of classical Korean poems in Chinese, besides this volume. A recipient of the Mogwol Literature Award(1978) and the Inchon Award(1996), he is now Professor Emeritus of Korea University and a member of the Korean Academy of Arts.

샤갈의 마을에 내리는 눈

지은이 / 김춘수
옮긴이 / 김종길
펴낸이 / 一庚 張少任
펴낸곳 / 돌쇠 답게

초판 발행일 / 2000년 9월 15일
초판 2쇄일 / 2004년 9월 10일

주　　소 / 137-834 서울시 서초구 방배4동 829-22호
　　　　　　원빌딩 201호
등　　록 / 1990년 2월 28일, 제 21-140호
전　　화 / 편집 591-8267 · 영업 537-0464, 596-0464
팩　　스 / 594-0464

홈페이지 / www.dapgae.co.kr
e-mail / dapgae@chollian.net

ISBN 89-7574-135-4-02810

나답게 · 우리답게 · 책답게

원작판권 ⓒ 2000, 김춘수
번역판권 ⓒ 2000, 김종길

* 책값은 뒷표지에 있습니다.
　잘못된 책은 바꾸어 드립니다.

· 이 책은 현재 미국 코넬대학에서 한국학 교재로 사용하고 있습니다.